Jahraus | Franz Kafka. 100 Seiten

* Reclam 100 Seiten *

OLIVER JAHRAUS, geb. 1964, Professor für Neuere deutsche Literatur und Medien an der Ludwig-Maximilians-Universität München.

Oliver Jahraus

# Franz Kafka. 100 Seiten

RECLAM

2., durchgesehene Auflage

2023 Philipp Reclam jun. Verlag GmbH,
Siemensstraße 32, 71254 Ditzingen
Umschlaggestaltung: Philipp Reclam jun. Verlag GmbH
nach einem Konzept von zero-media.net
Bildnachweis: S. 6, 14, 45, 51, 55, 63, 80: Wikimedia Commons /
CC0 1.0; Autorenfoto: © LMU
Umschlagmaterial: Creative Print, Schabert
Druck und Bindung: Esser printSolutions GmbH,
Untere Sonnenstraße 5, 84030 Ergolding
Printed in Germany 2024
RECLAM ist eine eingetragene Marke
der Philipp Reclam jun. GmbH & Co. KG, Stuttgart
ISBN 978-3-15-020706-2

Auch als E-Book erhältlich

www.reclam.de

Für mehr Informationen zur 100-Seiten-Reihe:
www.reclam.de/100Seiten

# Inhalt

# Ein Buchgeschenk und ein brieflicher Hilferuf an Dr. Franz Kafka

Vorsicht mit Buchgeschenken: Sie könnten problematisch sein! Am 10. April 1917 schreibt ein gewisser Dr. Siegfried Wolff einen Brief an den Autor Dr. Franz Kafka. Der Brief zeigt einen gewissen Leidensdruck. Der Schreiber ist um seinen guten Ruf als Mann und Bruder besorgt. Der Brief ist – um das Mindeste zu sagen – ungewöhnlich; man hat ihn lange für einen Jux gehalten, doch er ist echt. Man kann ihn heute noch als *Marbacher Faksimile Druck Nr. 43* beim Literaturarchiv Marbach erwerben. Und er sagt zumindest auf indirekte Weise einiges über Kafkas Werk und über den Umgang mit diesem Autor und seinem Werk aus. Dem Brief liegt eine bestimmte Erfahrung mit Kafka, genauer: mit Kafkas Erzählung *Die Verwandlung* zugrunde, und man könnte sagen, sie dokumentiert eine Begegnung mit dem Kafkaesken und ist doch zugleich selbst eine kafkaeske Erfahrung.

Man weiß mittlerweile einiges über den Autor dieses Briefes, der tatsächlich Soldat im Ersten Weltkrieg gewesen ist, in den Staatswissenschaften (man könnte auch sagen: in Nationalökonomie oder Volkswirtschaftslehre) promoviert und später in Führungspositionen bei Banken gearbeitet hat.

Charlottenburg, 10/4. 17

Sehr geehrter Herr,
Sie haben mich unglücklich gemacht.
Ich habe Ihre Verwandlung gekauft und meiner Kusine geschenkt. Die weiß sich die Geschichte aber nicht zu erklären.
Meine Kusine hats ihrer Mutter gegeben, die weiß auch keine Erklärung.
Die Mutter hat das Buch meiner anderen Kusine gegeben und die hat auch keine Erklärung.
Nun haben sie an mich geschrieben. Ich soll Ihnen die Geschichte erklären. Weil ich der Doctor der Familie wäre. Aber ich bin ratlos.
Herr! Ich habe Monate hindurch im Schützengraben mich mit dem Russen herumgehauen und nicht mit der Wimper gezuckt. Wenn aber mein Renommee bei meinen Kusinen zum Teufel ginge, das ertrüg ich nicht.
Nur Sie können mir helfen. Sie müssen es; denn Sie haben mir die Suppe eingebrockt. Also bitte sagen Sie mir, was meine Kusine sich bei der Verwandlung zu denken hat.
Mit vorzüglicher Hochachtung ergebenst Dr Siegfried Wolff

Dr. Siegfried Wolff macht eine Erfahrung, die Kafka selbst hätte erfinden können: Ein Buchgeschenk, sicherlich als nette Geste gemeint, erweist (›verwandelt‹) sich in ein soziales Desaster. Dr. Wolff fordert Kafka in seinem Brief rundheraus auf, ihm zu helfen, wieder aus dieser peinlichen Sackgasse herauszufinden. Er will wie auch vielleicht viele andere Leser und Leserinnen wissen, was man sich bei der *Verwandlung* zu denken hat. Wie schade, dass man nicht weiß, was Kafka geantwortet hat, ja, ob er überhaupt geantwortet hat.

Der Brief stammt aus dem Jahr 1917, und er kommt aus Berlin. Ist das wichtig? Vielleicht schon. 1908 hatte Kafka sein Studium und seine Berufsvorbereitung bzw. sein gerichtspraktisches Jahr abgeschlossen. Max Brod liest in dieser Zeit entstandene erste Texte von Kafka im Freundeskreis vor. Diese waren noch sehr expressionistisch, wie zu dieser Zeit üblich (der Expressionismus war damals eine maßgebliche Strömung der neuesten Literatur).

Kafka und Max Brod verband eine lebenslange Freundschaft. Ohne diese Freundschaft, ohne Brod, könnte man viele Texte Kafkas heute nicht lesen, ja, man würde vielleicht nur einen Autor Kafka mit sehr schmalem Werk kennen oder vielleicht sich auch gar nicht mehr an ihn erinnern. Brod war selbst Schriftsteller, aber er hat nicht nur erkannt, dass Kafka – anders als er selbst – ein genialer Autor ist, er hat sich auch zeitlebens (über Kafkas Tod 1924 hinaus bis zu seinem eigenen Tod 1968) für Kafka eingesetzt. Er hat Kafkas Texte redigiert und versucht, sie einem größeren Publikum bekannt zu machen. Man ist heute nicht immer glücklich über Brods Eingriffe in Kafkas Texte, doch muss man sich vergegenwärtigen, welchen Zweck er damit verfolgte.

Brod war der Erbe und Nachlassverwalter Kafkas, und als solcher hat er sich auch für Kafkas Werk eingesetzt. Das wird vor allem auch an der Art und Weise deutlich, wie Brod mit Kafkas letztem Willen bezüglich seines Werkes umgegangen ist, denn Kafka hat zwei Testamente hinterlassen: Das erste wurde vermutlich »vor Anfang Oktober 1921« (Tintenzettel) und das zweite etwas mehr als ein Jahr später nach Oktober 1922 (Bleistiftzettel) verfasst. Beide Testamente richten sich an Brod, und beide Testamente beziehen sich auf Kafkas Literatur, es sind literarische Testamente. Im ersten Testament, dem sogenannten »Tintenzettel«, heißt es:

> Liebster Max, meine letzte Bitte: Alles, was sich in meinem Nachlaß (also im Bücherkasten, Wäscheschrank, Schreibtisch zuhause und im Bureau, oder wohin sonst irgendetwas vertragen worden sein sollte und Dir auffällt) an Tagebüchern, Manuskripten, Briefen, fremden und eignen, gezeichnetem und so weiter findet, restlos und ungelesen zu verbrennen, ebenso alles Geschriebene und Gezeichnete, das Du oder andre, die Du in meinem Namen darum bitten sollst, haben. Briefe, die man Dir nicht übergeben will, soll man wenigstens selbst zu verbrennen sich verpflichten. Dein Franz Kafka.

Das zweite Testament richtet sich nicht allein auf den handschriftlichen Nachlass, sondern auf alles Geschriebene, auch das schon Gedruckte:

> Von allem, was ich geschrieben habe, gelten nur die Bücher: Urteil, Heizer, Verwandlung, Strafkolonie, Landarzt und die Erzählung Hungerkünstler. (Die paar Exemplare der »Betrachtung« mögen bleiben, ich will niemandem die Mühe des Einstampfens machen, aber neu gedruckt darf nichts werden.) Wenn ich sage, dass jene 5 Bücher und die

> Erzählung gelten, so meine ich damit nicht, dass ich den Wunsch habe, sie mögen neu gedruckt und künftigen Zeiten überliefert werden, im Gegenteil, sollten sie ganz verloren gehn, entspricht dieses meinem eigentlichen Wunsch. Nur hindere ich, da sie schon einmal da sind, niemanden daran, sie zu erhalten, wenn er dazu Lust hat. Dagegen ist alles, was sonst an Geschriebenen von mir vorliegt (in Zeitschriften Gedrucktes, im Manuskript oder in Briefen) ausnahmslos, soweit es erreichbar oder durch Bitten von den Adressaten zu erhalten ist ... – alles dieses ist ausnahmslos zu verbrennen, und dies möglichst bald zu tun bitte ich Dich, Franz.

Und das Interessanteste an den Testamenten ist ihr Adressat. Denn Kafka konnte so vor sich selbst seine Skrupel und seine Selbstzweifel zum Ausdruck bringen, aber gleichzeitig konnte er sich auch sehr sicher sein, dass gerade Brod seiner, Kafkas, Bitte eben nicht nachkommen werde und seinen Nachlass und sein Werk nicht vernichten, sondern vielmehr retten würde.

Von solchen Selbstzweifeln wie Kafka wurde Franz Werfel nicht angegriffen. Er war mit 18 Jahren schon Mitglied im Prager Kreis, einer Vereinigung von Literaten, zu der man auch Kafka rechnen darf. Werfel urteilt vorlaut, altklug und überscharf über diese frühen Werke: »Das kommt nie über Tetschen-Bodenbach hinaus«, also über eine Grenzstation zwischen Österreich-Ungarn und dem Deutschen Reich, gar nicht so weit von Prag entfernt. Werfel also meint: Kafka wird den Sprung in den deutschen Literaturmarkt nicht schaffen. 1917 hatte er es dann offensichtlich doch geschafft.

Kafka mit Hund

Vielleicht darf man diese Zurückhaltung auch nicht überbewerten, denn tatsächlich waren Kafka und sein Werk auch zum Zeitpunkt seines Todes am 3. Juni 1924 noch relativ unbekannt. Für die Nachwelt zeichnete seine Freundin Milena Jesenská in ihrem Nachruf vom 5. Juni 1924 ein bemerkenswertes Bild, das bis heute Wirkung zeigt.

> Vorgestern starb im Sanatorium Kierling in Klosterneuburg bei Wien Dr. Franz Kafka, ein deutscher Schriftsteller, der in Prag gelebt hat. Es kannten ihn hier nur wenige, denn er war ein Einsiedler, ein wissender, vom Leben erschreckter Mensch. Er litt bereits jahrelang an einer Lungenkrankheit, und obwohl er sie behandeln ließ, hat er sie doch auch bewusst gehegt und geistig gefördert. »Wenn die Seele und das Herz die Bürde nicht mehr ertragen, dann nimmt die Lunge die Hälfte auf sich, damit die Last wenigstens einigermaßen gleichmäßig verteilt sei«, schrieb er einmal in einem Brief, und so verhielt es sich auch mit seiner Krankheit. Sie verlieh ihm ein ans Wunderbare grenzendes Feingefühl und eine geistige Lauterkeit, die bis zum Grauenerregen kompromisslos war; und umgekehrt war er es, der Mensch, der seiner Krankheit die ganze Last seiner geistigen Lebensangst auflud. Er war scheu, ängstlich, sanft und gut, aber die Bücher, die er schrieb, waren grausam und schmerzhaft. Er sah die Welt voll von unsichtbaren Dämonen, die den schutzlosen Menschen bekämpfen und vernichten. Er war zu klarsichtig, zu weise, um leben zu können, und zu schwach, um zu kämpfen: aber das war die Schwachheit der edlen, schönen Menschen, die zum Kampf gegen die Angst, gegen Missver-

ständnisse, Lieblosigkeit und geistig Unwahres nicht fähig sind, die von vornherein um ihre Ohnmacht wissen, sich unterwerfen und so den Sieger beschämen. Er verfügte über eine Menschenkenntnis, wie sie nur den einsam Lebenden gegeben ist, deren hochgradig empfindliche Nerven schon an einem bloßen Mienenspiel den ganzen Menschen hellseherisch erfassen. Seine Kenntnis der Welt war außergewöhnlich und tief. Er selbst war eine außergewöhnliche und tiefe Welt. Er schrieb die bedeutendsten Bücher der jungen deutschen Literatur. Sie enthalten, in untendenziöser Form, den Kampf der Generationen in der heutigen Zeit. Sie haben die trockene Ironie und das empfindsame Sehertum eines Menschen, der die Welt in einer so überdeutlichen Helle erschaute, dass er es nicht zu ertragen vermochte und sterben musste; denn er wollte keine Zugeständnisse machen, um sich wie die anderen in irgendwelche wenn auch noch so edle intellektuelle Irrtümer zu retten. Dr. Franz Kafka schrieb das Fragment »Der Heizer« (tschechisch erschienen in Neumanns »Červen«); es bildet das erste Kapitel eines schönen, bisher noch unveröffentlichten Romans. »Das Urteil«, in dem der Konflikt zweier Generationen gestaltet ist. »Die Verwandlung«, das stärkste Buch der modernen deutschen Literatur. »Die Strafkolonie« und die Skizzen »Betrachtung« und »Landarzt«. Der letzte Roman, »Vor dem Gericht«, liegt schon seit Jahren druckfertig im Manuskript vor; er gehört zu jenen Büchern, deren Lektüre einen dermaßen weltumfassenden Eindruck hinterlässt, dass jeder Kommentar überflüssig wird. Alle seine Werke schildern das Grauen geheimnisvoller Missverständnisse und unverschuldeter Schuld bei den Menschen. Er war ein Mensch und Künstler von so skrupulösem Gewissen, dass er auch dort noch wachsam blieb, wo die anderen, die Tauben, sich bereits sicher fühlten.

Nachruf auf Kafka von Milena Jesenská, abgedruckt in der tschechischen Tageszeitung *Národní Listy* vom 6. Juni 1924

Doch zurück zu Herrn Dr. Wolff. Was hatte seine Kusine nicht verstanden? *Die Verwandlung* erzählt von einem jungen Mann, Gregor Samsa, der sich über Nacht, nach »unruhigen Träumen«, »zu einem ungeheuren Ungeziefer« verwandelt vorfindet. Gregor ist der Alleinverdiener in der Familie, die eine geräumige Wohnung bewohnt. Ihr Grundriss ähnelt dem der tatsächlichen Wohnung der Familie Kafka zu jener Zeit in der Prager Niklasstraße mit Blick über die Moldau.

Wegen seiner Verwandlung kann Gregor jedoch nicht mehr seinem Beruf nachgehen. Der Prokurist seiner Firma kommt, um Gregor aufzufordern, endlich zur Arbeit zu erscheinen. Doch er flieht, als er Gregor als Ungeziefer erblickt.

Auch in seiner Familie verliert er jeden Rückhalt und jede Solidarität. Es ist der Vater, der ihn mit dem Wurf eines Apfels, der in Gregors Panzer stecken bleibt und sich dort entzündet, tötet: Gregor wird dadurch so schwer verletzt, dass er schließlich an dieser Verletzung sterben wird. Dabei sucht Gregor doch nur die Nähe der Familie außerhalb seines Zimmers, in dem er nach der Verwandlung eingesperrt leben muss.

Doch auch seine Schwester, der er geradezu inzestuös zugetan ist, nimmt eine immer größere Distanz ihm gegenüber ein, bis sie ihn am Ende auch nicht mehr als Person und Bruder (›er‹) anerkennt, sondern Gregor – das Ungeziefer – nur noch als »es« bezeichnet, das man loswerden müsse. Gegen die anfänglichen Zweifel vor allem der Mutter besteht sie darauf, dass die Familie »den Gedanken loszuwerden suchen« muss, »daß es Gregor ist«. Am Ende kümmert sich die Haushaltshilfe darum, »wie das Zeug von nebenan weggeschafft werden soll«, und entsorgt Gregor wie ein Stück Müll.

Natürlich bezieht sich der Titel der Erzählung auf Gregors Verwandlung, doch tatsächlich verwandelt sich im Verlauf des Textes die gesamte Familie. Nachdem sie von der psychischen Last des verwandelten Sohnes befreit ist, befreit sie sich auch von anderen sozialen Verpflichtungen: Sie kündigt den drei Zimmerherren, ihren Untermietern, sie kündigt der Bedienerin, schon zuvor hatte der Vater selbst wieder Arbeit gefunden, er kann nun auch körpersprachlich ganz anders auftreten. Vor allem aber hat sich die Tochter und Schwester gewandelt: Sie ist zu einer jungen Frau geworden, für die die Familie »einen braven Mann« suchen will. Die Familie macht nach Gregors Tod und Entsorgung einen Ausflug, auf dem man die gegenwärtige Situation neu einschätzt. Die Ausgangslage hat sich völlig verändert, die »Aussichten für die Zukunft« seien nun »durchaus nicht schlecht«.

Die Erzählung wurde 1915 veröffentlicht, und zwar zuerst in der literarischen Zeitschrift *Die weißen Blätter*, und dann im selben Jahr als Buch, und zwar als Band 22/23 der relativ neu gegründeten Buchreihe *Der jüngste Tag*, die fortschrittlich-moderne Literatur zum günstigen Preis bieten wollte. Ein solches Buch musste Dr. Siegfried Wolff gekauft haben. (1918 erschien eine zweite Auflage.)

Geschrieben hatte Kafka diese Erzählung schon 1912. Weil

er über seine literarische Produktion in seinem Tagebuch genau ›Buch führt‹ und er auch an seine damalige Verlobte in Berlin, Felice Bauer, der er regelmäßig viele und auch lange Briefe schreibt, darüber berichtet, weiß man sogar ganz genau, wann. Er beginnt mit der Niederschrift am 17. November und beendet die Erzählung am 6. Dezember. Und darin liegt auch ein gravierendes Problem für Kafka zu dieser Zeit, und zwar sowohl was die Niederschrift selbst, als auch was das fertige Produkt angeht; mit beiden war Kafka nicht zufrieden und schon gar nicht glücklich. Vor allem nicht mit dem Ende.

Denn in demselben Herbst, nicht ganz zwei Monate zuvor, hatte Kafka eine andere Geschichte geschrieben, *Das Urteil*, und zwar in einer einzigen Nacht vom 22. auf den 23. September 1912 – und das wird für Kafka sehr wichtig werden. Er dokumentiert die Niederschrift am Tag danach in seinem Tagebuch.

> 23. September. Diese Geschichte ›Das Urteil‹ habe ich in der Nacht vom 22. bis 23. von zehn Uhr abends bis sechs Uhr früh in einem Zug geschrieben. Die vom Sitzen steif gewordenen Beine konnte ich kaum unter dem Schreibtisch hervorziehn. Die fürchterliche Anstrengung und Freude, wie sich die Geschichte vor mir entwickelte, wie ich in einem Gewässer vorwärtskam. Mehrmals in dieser Nacht trug ich mein Gewicht auf dem Rücken. Wie alles gesagt werden kann, wie für alle, für die fremdesten Einfälle ein großes Feuer bereitet ist, in dem sie vergehn und auferstehn. Wie es vor dem Fenster blau wurde. Ein Wagen fuhr. Zwei Männer über die Brücke gingen. Um zwei Uhr schaute ich zum letzten Male auf die Uhr. Wie das Dienstmädchen zum ersten Male durchs Vorzimmer ging, schrieb ich

den letzten Satz nieder. Auslöschen der Lampe und Tageshelle. Die leichten Herzschmerzen. Die in der Mitte der Nacht vergehende Müdigkeit. Das zitternde Eintreten ins Zimmer der Schwestern. Vorlesung. Vorher das Sichstrecken vor dem Dienstmädchen und Sagen: »Ich habe bis jetzt geschrieben.« Das Aussehn des unberührten Bettes, als sei es jetzt hereingetragen worden. Die bestätigte Überzeugung, daß ich mich mit meinem Romanschreiben in schändlichen Niederungen des Schreibens befinde. *Nur so* kann geschrieben werden, nur in einem solchen Zusammenhang, mit solcher vollständigen Öffnung des Leibes und der Seele. Vormittag im Bett. Die immer klaren Augen. Viele während des Schreibens mitgeführte Gefühle [...], Gedanken an Freud natürlich [...].

Tagebuch vom 23. September 1912

Kafka hatte also die für ihn perfekte oder vorsichtiger formuliert: die für ihn einzig akzeptable Form gefunden, zu schreiben, und war auch mit dem Resultat zufrieden. Die Qualität der Niederschrift und des Niedergeschriebenen bedingen sich gegenseitig. Kafka hatte sein Schreibideal gefunden.

Die Erzählung *Das Urteil* handelt ebenfalls von einem jungen Mann, Georg Bendemann, der gedenkt, sich zu verheiraten, am Ende aber von seinem eigenen Vater zum Tode durch Ertrinken verurteilt wird: ein unverständliches Todesurteil, das er auch noch gehorsam unmittelbar darauf selbst vollstreckt, indem er sich in einen Fluss stürzt.

Dabei beginnt die Geschichte hoffnungsfroh und aussichtsreich, an »einem Sonntagvormittag im schönsten Frühjahr«, fast so, wie die (spätere) *Verwandlung* endet. Georg ist ein aufstrebender junger Kaufmann; er hat Heiratspläne, er will Frieda Brandenfeld heiraten, ein »Mädchen aus wohlhabender Familie«, mit dem er schon verlobt ist.

Nun will er diese Pläne seinem Freund in Russland in einem Brief kundtun, für ihn eine heikle Aufgabe. Denn der Freund hat es nicht so gut getroffen, dessen Hoffnungen haben sich in Russland nicht erfüllt, er hatte sich »offenbar verrannt«. Georg will nun nicht mit seinem geschäftlichen Erfolg oder seinem privaten Glück prahlen, aber irgendwie muss er auch die Veränderungen mitteilen, zumal auch seine Braut eigentümlich irritiert ist von diesem fernen Freund. Endlich hat Georg diesen schwierigen Brief beendet, und er geht zu seinem Vater, der in derselben Wohnung wohnt.

Der Vater ist alt und gebrechlich, wurde bereits in den hinteren, dunklen Teil der Wohnung abgeschoben. Doch ist er, wie Georg feststellt, »noch immer ein Riese«. Georg will den Brief mit dem Vater besprechen – und nun wird es wirklich rätselhaft, denn der Vater scheint zunächst die Existenz des Freundes zu leugnen. Er fragt: »Hast du wirklich diesen Freund in Petersburg?« Dann jedoch behauptet er plötzlich das Gegenteil: »Wohl kenne ich deinen Freund. Er wäre ein Sohn nach meinem Herzen.« Damit setzt er seinen eigenen Sohn herab. Auch als dieser seinen Vater zudecken will, entlarvt er diese angebliche Fürsorge. Der Sohn wolle sich selbst die väterliche Autorität und Macht anmaßen. Den eigentlichen Konfliktfall bildet die geplante Heirat des Sohnes, denn der Vater wirft dem Sohn vor, auf eine »widerliche Gans« und ihre sexuellen Avancen hereingefallen zu sein und somit das Andenken an die verstorbene Mutter zu schänden.

Seit Jahren hat der Vater schon diese Entwicklung beobachtet, nun kommt es zum Ausbruch und – man möchte fast

Kafka und Felice Bauer

sagen – zum Showdown. Am Ende spricht der Vater sein (titelgebendes) Urteil: »Ein unschuldiges Kind warst du ja eigentlich, aber noch eigentlicher warst du ein teuflischer Mensch! – Und darum wisse: Ich verurteile dich jetzt zum Tode des Ertrinkens!« Dass der Sohn dann auch noch das Urteil selbst vollstreckt mit dem letzten Satz auf den Lippen: »Liebe Eltern, ich habe euch doch immer geliebt«, ist der Höhepunkt der Novelle. Und selbst der allerletzte Satz der Erzählung ist rätselhaft, denn er lautet: »In diesem Augenblick ging über die Brücke ein geradezu unendlicher Verkehr.«

Die Erzählung erschien 1913 in der literarischen Zeitschrift *Arcadia*, und 1916 konnte sie als kleines eigenständiges Buch als Band 34 ebenfalls in der Buchreihe *Der jüngste Tag* erscheinen. Es trug den Titel: *Das Urteil / Eine Geschichte / von / Franz Kafka*. Auf dem Vorsatzblatt war die Widmung *für F.* abgedruckt. Damit war Kafkas damalige Verlobte Felice Bauer gemeint. Diese Widmung behält Kafka bei, selbst lange nachdem die Verlobung gelöst worden ist.

Kafka legt sich von der Niederschrift der Erzählung nach dieser literaturgeschichtlich berühmten Septembernacht ausführlich selbst Rechenschaft ab: zuerst selbst im Tagebuch und ein paar Monate später dann gegenüber Felice Bauer in einem Brief. Man muss sich das so vorstellen, dass Kafka sein Tagebuch als Papiergrundlage, auf dem die Erzählung geschrieben worden war, nutzt und am Morgen nach der Niederschrift im Tagebuch weiterschreibt und über sein Schreiberlebnis, sein Schreibideal, reflektiert.

1912 hatte er Felice Bauer kennengelernt und sich mit ihr verlobt. Beide Ereignisse, die Niederschrift des *Urteils* und die Verlobung, hängen eng miteinander zusammen (dazu später mehr). Im Zuge der Bemühungen um eine Publikation, aber auch, weil dieses Schreibideal ihm weiterhin vor Augen steht, berichtet er im folgenden Jahr Felice von diesen Erfahrungen. Die Beziehung zu ihr war zu dieser Zeit enger, aber auch – wegen des Schreibens – problematischer geworden. Und genau in diesem Zusammenhang stellt Kafka selbst in einem Brief vom 2. Juni 1913 sinngemäß dieselbe Frage, die vier Jahre später Dr. Siegfried Wolff an ihn richten wird.

Liebste Felice,
[...] Findest Du im »Urteil« irgendeinen Sinn, ich meine irgendeinen geraden, zusammenhängenden, verfolgbaren Sinn? Ich finde ihn nicht und kann auch nichts darin erklären. Aber es ist vieles Merkwürdiges daran. Sieh nur die Namen! Es ist zu einer Zeit geschrieben wo ich Dich zwar schon kannte und die Welt durch Dein Dasein an Wert gewachsen war, wo ich Dir aber noch nicht geschrieben hatte. Und nun sieh, Georg hat so viel Buchstaben wie Franz, »Bendemann« besteht aus Bende und Mann, Bende hat so viel Buchstaben wie Kafka und auch die zwei Vokale stehn an gleicher Stelle, »Mann« soll wohl aus Mitleid diesen armen »Bende« für seine Kämpfe stärken. »Frieda« hat so viel Buchstaben wie Felice und auch den gleichen Anfangsbuchstaben, »Friede« und »Glück« liegen auch nah beisammen. »Brandenfeld« hat durch »feld« eine Beziehung zu »Bauer« und den gleichen Anfangsbuchstaben. Und derartiges gibt es noch einiges, das sind natürlich lauter Dinge, die ich erst später herausgefunden habe. Im übrigen ist das Ganze in einer Nacht geschrieben von 11h bis 6 Uhr früh.

Statt einen Sinn zu erklären, zieht Kafka Verbindungen zwischen den Figuren im Text und den realen Personen und spielt ein Buchstabenspiel. Das ist schon ganz schön raffiniert, weil es eben keine Antwort auf die Frage, die er selbst aufgeworfen hatte, sondern eine ziemlich deutliche Abwehr dieser Frage ist.

Und auch für heutige Leser und Leserinnen verbirgt sich in Kafkas Antwort eine Falle: Man kann dazu verführt werden, zu glauben, dass man dann, wenn man nur alle biographischen

Bezüge in Kafkas Texten aufgedeckt hätte, auch schon wüsste, was man sich bei Kafkas Texten zu denken hätte und wie man die Texte erklären könnte.

Kafka verführt Felice und in der Folge auch seine Leser und Leserinnen zu einer biographischen Lesart seiner Texte. Mit Blick auf Felice ist ihm dieses Vorgehen wichtig, denn Kafka will, dass Felice seine Texte und sein Schreiben in seiner alles andere (leider auch die Verlobung selbst) überragenden Bedeutung für sein Leben erkennt, wenn sie nur sieht, wie diese Texte und dieses Schreiben in sein Leben eingebettet sind. Felice soll spüren, wie für Kafka Leben und Schreiben eins sind. Für die Leser und Leserinnen ist diese Vorgehensweise aber fatal: Denn sie beantwortet Kafkas und Siegfried Wolffs Frage nach der Bedeutung nicht und – schlimmer noch – gibt nur eine Scheinantwort.

Felice hat sich auf ein solches Spiel nicht eingelassen. Aber vielleicht hätte sie es tun sollen, um schneller Klarheit über Kafkas eigentliche Absichten zu gewinnen. Eine quälende Zeit der Ungewissheit in der Frage, wie es Kafka mit ihr hält, wäre ihr vielleicht erspart geblieben. Sie hätte nur Kafkas autobiographisches Spiel mit dem Text weitertreiben müssen, was Kafka selbst – vielleicht wohlweislich – unterlassen hat.

Denn *Das Urteil* erzählt die Geschichte eines Junggesellen, der es nicht schafft, durch eine Heirat sich gegen die Autorität des Vaters durchzusetzen. Die Position, die er sich im Geschäft erarbeitet hatte, ist nicht gefestigt und könnte nur durch eine Heirat gefestigt werden. Erotischer Erfolg, geschäftlicher Gewinn, berufliches Fortkommen, gesellschaftliche Anerkennung: All das hängt eng miteinander zusammen. Doch dieser Weg ist dem Junggesellen, dessen Vorname so viele Buchstaben hat wie der Vorname seines Erfinders, versperrt.

*Das Urteil* schildert das Modell einer gescheiterten Emanzipation des Sohnes aus dem Machtbereich des Vaters und beschreibt die Familie als Sphäre väterlicher Macht. Und dann ist da auch noch der geheimnisvolle Freund in Petersburg, über den die Ansichten bei Vater und Sohn radikal voneinander abweichen. Wenn es bei den Bendemanns nicht um diese eine Familie geht und wenn es erst recht nicht darum geht, die Erzählung als Schlüsseltext für Kafka und seine Familie zu lesen, dann eher um ein allgemeineres Modell von Macht und Familie. So könnte man auch annehmen, dass es bei dem Freund auch nicht um eine ›reale‹ Person geht, sondern es sich eher um einen literarischen Kunstgriff handelt. Der Freund in Russland wäre dann eine dritte Position (und bei Kafka wird es immer wieder solche Dreier-Strukturen geben), die es erlaubt, die Beziehung von Sohn und Vater jeweils aus der Perspektive des Sohnes *und* der des Vaters zu sehen. Wenn der Vater also mit der Frage »Hast du wirklich diesen Freund in Petersburg?« dessen Existenz schon in Frage zu stellen bereit ist, so heißt dies nicht, dass die beiden Figuren, Sohn und Vater, über die Frage, ob eine bestimmte dritte Person nun existiert oder nicht, streiten müssten. Vielmehr glaubt der Vater nicht an die Sichtweise des Sohnes, dieser sei ein erfolgreicher Geschäftsmann. Wenn der Vater umgekehrt den Freund lobt, bringt er eine andere Perspektive ins Spiel, entsprechend der der Sohn eben nicht erfolgreich, sondern in seinem Versuch, den Vater abzulösen, gescheitert ist. Folgerichtig hat dieser sein Lebensrecht verwirkt und muss zum Tode verurteilt werden.

Im Grunde genommen kann man das, was gerade zu dem Text *Das Urteil*, der nur eineinhalb Monate früher entstanden ist, gesagt wurde, als Hintergrundfolie verwenden, vor dem die in der *Verwandlung* erzählte Geschichte weniger rätselhaft erscheint. Interessant ist, dass der Sohn hier in einer ähnlichen Ausgangsposition ist. Der Vater hat seine geschäftliche Stellung verloren, der Sohn ist zwar geschäftlich nicht erfolgreich, er ist kein selbständiger Kaufmann wie Georg Bendemann, sondern nur ein Angestellter, aber immerhin Alleinverdiener in der Familie Samsa.

Die Erzählung beginnt unvermittelt mit Gregors Verwandlung. Wie verwandelt sich Gregor Samsa? Im Text steht »Ungeziefer«, die Bedienerin ruft ihn »mit Worten, die sie wahrscheinlich für freundlich hielt, wie ›Komm mal herüber, alter Mistkäfer!‹« Kafka nennt ihn in einem Brief auch »Insekt«, Franz Werfel meinte noch, die Erzählung hieße eigentlich »Die Wanze«. Und wer sich eine Wanze vorstellt, der mag gar nicht so falschliegen. Immerhin zeigt die Adaptation der Novelle als Comic durch Eric Corbeyran und Richard Horne aus dem Jahr 2009 eine Kakerlake schon groß auf dem Titelcover.

Andererseits war Kafka mit einer solchen Verbildlichung nicht einverstanden. Als der Plan im Raum steht, die Buchpublikation mit einem entsprechenden Titelbild zu versehen, reagiert er unwirsch und schreibt klar: »Das nicht, bitte das nicht! [...] Das Insekt selbst kann nicht gezeichnet werden.« Warum nicht? Welchen Hinweis gibt uns Kafka damit?

Kafka, so könnten wir unterstellen, wusste genau, welche Sogwirkung das Wort vom ungeheuren Ungeziefer auf die Einbildungskraft der Leser und Leserinnen haben würde. Er will natürlich entsprechende Eindrücke hervorrufen, wenn man sich vorstellt, dass inmitten der Familie Samsa in ihrer Wohnung plötzlich ein solches ekliges Kleingetier, aber riesenhaft vergrößert, haust, das zudem auch noch am Tag zuvor der Sohn der Familie gewesen war. Andererseits durfte aber ein solches Vorstellungsbild auch keineswegs vereindeutigt werden, so wie es durch eine Illustration geschehen wäre. Der Weg im Bewusstsein der Leser und Leserinnen musste möglichst offenbleiben, um von einer konkreten Vorstellung zu einem abstrakteren Verständnis zu kommen.

So könnte man verstehen, dass das ungeheure Ungeziefer bei den Samsas und im Kreis der Familie kein bestimmtes Ungeziefer ist, sondern zuallererst ein Schimpfwort, eine Beleidigung und dann auch eine soziale Kategorie der Herabsetzung und Ausgrenzung. Der Sohn wird von Anfang an als Ungeziefer bezeichnet. Obwohl er eine wichtige soziale Funktion für seine Familie erfüllt, wird er aus der Perspektive der Familie als asozial empfunden. Ungeziefer – das ist keine Kategorie der Tierwelt, sondern eine Kategorie, die soziale Verhältnisse symbolisch darstellt. Kafka hat die Metaphorik, die dieser Ausgrenzung zugrunde liegt, real werden lassen. Und die Leser und Leserinnen sind dazu aufgefordert, diesen literarischen Prozess wieder zurück zum Ursprung zu verfolgen.

Kafka selbst waren solche Herabsetzungen aus dem eigenen familiären Umkreis durchaus bekannt. Als er im Oktober 1911 den jüdischen Schauspieler Jizchak Löwy kennengelernt und sich sehr für dessen Schauspieltruppe, aber auch für dessen Form des (aus dem Osten kommenden, noch traditionelleren) Judentums interessiert, ist seinem Vater dieses Interesse zuwider, was er in beleidigenden Formulierungen zum Ausdruck bringt: »Wer sich mit Hunden zu Bett legt, steht mit Wanzen auf.« (Später, im *Brief an den Vater*, über den noch zu sprechen ist, wirft Kafka diese Herabsetzung seinem Vater vor, obschon er – ein wahrer Sohn – dessen Einstellung teilte: Er hatte Angst, von Löwy, der Kafka schon seinen Tripper bzw. eine Geschlechtskrankheit gestanden hatte, Läuse zu bekommen, wie er im Tagebuch festhält.)

Aus diesen Hinweisen lässt sich schon einiges für die Lektüre der Erzählung ableiten. Gregor Samsa verdient zwar das Geld für die Familie, aber maßt sich auch ansatzweise die Position eines Familienoberhaupts an. Die Tätigkeiten des Sohnes machen ihn aus der Perspektive der Familie zu einem Ungeziefer. Er plant, die Schwester auf das Konservatorium zu schicken, ein Vorgang, der durchaus inzestuös übergriffig inszeniert wird. Seine Initiative verschlimmert seinen Status noch zusätzlich.

Das Rätselhafte an dieser Erzählung ist nur vordergründig der Umstand, dass sich ein Familienmitglied plötzlich in ein Tier verwandelt. Dass sich Menschen in Tiere verwandeln, ist nicht sonderlich ungewöhnlich, solche Metamorphosen durchziehen die Literaturgeschichte von Ovids *Metamorphosen* bis zu Harry Potter.

Allerdings sind solche Verwandlungen durchaus voraussetzungsreich. Das würde sich auch in der Reaktion der Figuren widerspiegeln. Wenn sie noch nichts von der Verwandlungsfähigkeit wüssten, würden sie staunen und sich das Ereignis durch eine veränderte Ordnung ihrer Welt erklären. Genau das aber verweigert Kafka – und damit nähern wir uns dem Kern des Kafkaesken.

Rätselhaft ist also sehr wohl der Umstand, dass in der Erzählung ein phantastisches Ereignis geschieht. Noch rätselhafter aber ist, dass alle Figuren, einschließlich des direkt betroffenen Gregor Samsa, darauf nicht so reagieren, wie man es bei einem phantastischen Ereignis erwarten würde. Die Figuren empfinden die Verwandlung selbst nicht als rätselhaft, sondern als unproblematisches Ereignis in ihrer Lebenswelt, so belastend oder peinlich es sich für sie auch auswirken mag: Das Hauptproblem der Familie besteht ja nicht darin, dass Gregor ein Ungeziefer ist, sondern dass er deswegen seine Arbeit versäumt. Alle Figuren verweigern dem Ereignis der Verwandlung seinen Rätselcharakter – und so bürdet der Text die ganze Rätselhaftigkeit den Lesern und Leserinnen auf. Diese können nun davor kapitulieren, wie die Kusinen von Herrn Dr. Siegfried Wolff, oder sie müssen eine recht komplexe Leseleistung vollbringen, indem sie nämlich das Register wechseln, in das sie dieses Ereignis einbetten. Sie müssen das Spiel durchschauen, das Kafka mit ihnen treibt.

Kafka, so der amerikanische Literaturwissenschaftler Stanley Corngold, nimmt die Übertragung bzw. die Metapher wortwörtlich. Die Herabsetzung ›Ungeziefer‹ wird für die Figuren zur Wirklichkeit, an der sie nicht zweifeln. Die Leser und Leserinnen müssen diesen Weg wieder rückgängig machen, sie müssen also die Verwandlung nicht als real-körperlich, sondern als sozial begreifen (es geht um den Wechsel des sozialen Status einer Figur: Sohn oder Nichtsnutz). Und auch hier wird ein Urteil, ein Todesurteil gefällt, nachdem der Sohn sich als Ungeziefer entlarvt hat.

Die Verwandlung mag ein Ereignis sein, das so phantastisch ist, dass es die Leser und Leserinnen nicht weiter bekümmern muss. Doch ist die Verwandlung eben nicht in dieser Weise phantastisch, sondern sie ist im Gegenteil sehr real. Sie zeigt (auf sehr kunstvolle Weise, zugegeben) eine soziale Wirklichkeit an, die so weit von den Lesern und Leserinnen gar nicht entfernt sein muss – und vielleicht ist das ein guter Vorschlag für eine Definition des Kafkaesken.

Aus Kafkas Namen hat sich ein Adjektiv geformt, das eine eigenständige Bedeutung bekommen hat und das eine Erfahrung bezeichnet, die (vielleicht) auf Kafka-Lektüren zurückgeht. Doch hat sich der Begriff schon längst von dem ursprünglichen Namen emanzipiert, so dass man ihn auch ohne direkten Bezug auf Kafka nutzen kann. Diese Tatsache ist der deutlichste Hinweis darauf, dass Kafka nicht nur ein sehr prominenter Autor ist, sondern dass das, was wir mit ihm (zu Recht oder zu Unrecht) verbinden, Teil einer viel größeren und weiter gespannten Kultur- und Mentalitätsgeschichte ist. Kafkaesk – das ist das Charakteristikum einer Erfahrung des Unverständlichen und deswegen Bedrohlichen, des Unlogischen und deswegen Irrationalen, einer Macht, der man unterliegt, die man aber nicht durchschaut und die man vielleicht nicht einmal wahrnehmen kann. Doch Kafka selbst, sein Leben und sein Werk sind keineswegs kafkaesk. Der kafkaeske Kafka ist ein Mythos, der sich in diesem Buch – so hoffe ich – auflösen wird. Hätte Dr. Siegfried Wolff 1917 schon wissen können, wie viele Regalmeter die Literatur über Forschung zu Kafka und die immer neuen Versuche, die Rätsel, die seine Texte uns aufgeben, zu lösen, füllen würden: Er wäre vielleicht vollständig entmutigt gewesen. Aber hätte er stattdessen vielleicht eine Ahnung bekommen, wie man mit den Rätseln in seinen Texten lustvoll umgehen kann und was diese Rätsel über Literatur im Allgemeinen und über Kafkas Literatur im Besonderen aussagen? So schlägt diese kleine Einführung vor, das Kafkaeske bei Kafka nicht im falschen Mythos des dunklen Werkes eines verzweifelten Autors zu suchen, sondern vielmehr in der Raffinesse und in der Souveränität, mit der Kafka seine Texte gestaltet, seine Erzählungen ausspinnt und seine Sujets inszeniert.

## Kafka lesen

Kafka zu lesen, bedeutet, zu erfahren, was moderne Literatur kann und was sie ist. Kafkas Werk ist ein – ja, für mich *das* – Musterbeispiel für moderne Literatur – und das erklärt auch, warum er wohl zu den erfolgreichsten Autoren der Weltliteratur gehört. Denn moderne Literatur, wie jede Literatur, erzählt uns etwas über die Welt, lässt aber zugleich diese Verbindung von Welt und Literatur als nicht so selbstverständlich erscheinen, wie Leser und Leserinnen das gerne hätten. Das ist das Moderne an ihr. Kafka hat dieses Spiel auf die Spitze getrieben, indem seine Texte Rätsel inszenieren, die er den Lesenden aufgibt, deren Auflösung angedeutet und letztlich doch verwehrt wird. Kafkas Texte provozieren die Lesenden, zu interpretieren, und verweigern ihnen gleichzeitig ein Sinnangebot. Und gerade dadurch macht er eine – kafkaeske – Welt transparent, die in seinen Augen von Macht, Gewalt und Kampf und einer ebenso unstillbaren und unabdingbaren Hoffnung auf Anerkennung durchzogen ist, aber Kafka macht das so, dass es Lust macht, seine Texte zu lesen und in seine Welt einzutauchen. Auch das ist ein Aspekt des Kafkaesken, der nicht überlesen werden darf.

Drei kurze Beispieltexte bringen dieses Kafkaeske in wunderbar verdichteter Form zum Ausdruck: Der erste Text ist bekannt geworden unter dem Titel *Gibs auf!*. Er stammt vom Ende des Jahres 1922. Will man genau sein, sollte man wissen, dass Kafka diesen Titel seinem Text gar nicht gegeben hat. Der Titel stammt von seinem Freund und Nachlassverwalter Max Brod und ist (das muss man immerhin zugeben) genial gewählt.

Dieses titelgebende »Gibs auf!« kommt im Text zweimal vor und markiert den äußersten Punkt einer völlig unverständlichen Situation. Dass der Titel so treffend gewählt war, lag natürlich ganz in der Absicht von Brod. Er wollte Aufmerksamkeit für Kafkas Texte, die in den allermeisten Fällen unveröffentlicht waren, erzeugen, er wollte Leser und Leserinnen für Kafkas Werk finden. Mit dem Text *Gibs auf!* und seinem fast schon reißerischen Titel ist ihm das auch wirklich gelungen. So kurz der Text auch ist, so steht er heute vielfach stellvertretend für Kafka und sein Werk und sogar das Kafkaeske schlechthin; man hat ihn als Vorschule bzw. »Propädeutik« für Kafkas Werk bezeichnet, und der Kafka-Forscher Heinz Politzer hat eine sage und schreibe 30 Seiten lange Interpretation zu diesem wenige Zeilen umfassenden Text als Einleitung zu seiner großen Studie über Kafka und das Parabolische und Paradoxe verfasst.

Will man unvoreingenommen an den Text herangehen, muss man sich vor allem vom Bild des düsteren, schwierigen, depressiven Kafka freimachen und sich stattdessen die Erzählweise genau anschauen. Die kleine Geschichte ist durch einen extremen Spannungsbogen gekennzeichnet. Einerseits ist die Erfahrung, von der das Ich berichtet, gar nicht so ungewöhnlich. Andererseits ist aber die Reaktion des Schutzmannes äu-

**Gibs auf! / Ein Kommentar**

Es war sehr früh am Morgen, die Straßen rein und leer, ich ging zum Bahnhof. Als ich eine Turmuhr mit meiner Uhr verglich, sah ich, daß es schon viel später war, als ich geglaubt hatte, ich mußte mich sehr beeilen, der Schrecken über diese Entdeckung ließ mich im Weg unsicher werden, ich kannte mich in dieser Stadt noch nicht sehr gut aus, glücklicherweise war ein Schutzmann in der Nähe, ich lief zu ihm und fragte ihn atemlos nach dem Weg. Er lächelte und sagte: »Von mir willst Du den Weg erfahren?« »Ja«, sagte ich, »da ich ihn selbst nicht finden kann.« »Gibs auf, gibs auf«, sagte er und wandte sich mit einem großen Schwunge ab, so wie Leute, die mit ihrem Lachen allein sein wollen.

ßerst befremdend. Warum sollte er so reagieren? Und über das Ich der Erzählung erfahren wir wenig.

Doch so kurz die Erzählung ist, so interessant ist die Szenerie. Und die wenigen Informationen, die gegeben werden, laden immerhin zu einer Verallgemeinerung ein. Gerade, wenn man spät dran ist, spielen Zeit und auch Raum eine große Rolle. Die Abweichung der persönlichen Zeit (meine Uhr) von der allgemeinen Zeit (Turmuhr) wird zu einem weiteren Problem (und ist hier nicht auch alles verkehrt herum bzw. würde man nicht eigentlich sagen: ›Als ich meine Uhr mit der Turmuhr verglich‹?). Bemerkenswert ist auch die (so könnte man sagen) emotionale Bandbreite, die das Ich erlebt: Die Erfahrung der Orientierungslosigkeit wird zum Schrecken, die Ansicht eines Schutzmannes lässt das Pendel in die Gegenrichtung ausschlagen, sie wird als Glück empfunden. Nun mag man sich ausmalen, in welche neue Gegenrichtung das Pendel bei der Reaktion des Schutzmannes wieder ausschlagen könnte.

Auch der Schutzmann scheint für mehr zu stehen als nur für die zufällige Anwesenheit eines Ordnungshüters. Er ist der Garant der allgemeinen Ordnung, und eine solche liegt vor, wenn das Ich sich in diese Ordnung problemlos einfügen kann. Aber gerade die Instanz, die das zu garantieren hat, verweigert diese Funktion, und dies mit einer Gegenfrage, die genau das in Frage stellt, was sie eigentlich bestätigen soll. Wer, wenn nicht ein Schutzmann, würde den Weg zum Bahnhof kennen? Und in seiner Gegenfrage ist vom Bahnhof schon gar nicht mehr die Rede, sondern nur noch vom Weg.

Man könnte also auch hier eher das Allgemeine sehen: Geht es ihm um den Lebensweg? Das Ich hätte dann seine grundsätzliche Orientierung in Raum und Zeit auf seinem Lebensweg verloren, es ist aus der Ordnung herausgefallen, und die Ordnungsmacht verweigert dem Ich die Wiedereingliederung. Der Ordnungsverlust ist endgültig!

Doch damit ist die Geschichte noch nicht zu Ende. Die vielleicht doch nur bloß rhetorisch gestellte Gegenfrage des Schutzmanns wird immerhin vom Ich noch beantwortet. Doch geht der Schutzmann auf diese Antwort gar nicht ein, vielmehr folgt das zweifache »Gibs auf, gibs auf«. Der Ordnungsverlust des Ich kann also nicht einmal mehr Gegenstand eines Gesprächs oder einer Verhandlung werden.

Und es kommt noch schlimmer: Der Schutzmann bricht das Gespräch, noch bevor es richtig zustande kommt, mit einer betont künstlichen körperlichen Geste (mit großem Schwunge) ab, ein Affront: Er dreht sich weg. Es scheint so, als wolle der Schutzmann mit seinem Lachen allein sein. Das erzählende Ich wird übel verlacht. Das Lachen hat dabei keinen verbindenden, sondern einen extrem distanzierenden Effekt. Als ob der Schutzmann allein sein wollte. Ganz am Ende greift diese Verunsicherung, die das Ich schon absolut befallen hat, auch noch auf seine Erzählung über. Ob der Schutzmann tatsächlich alleine mit seinem Lachen oder Verlachen sein will, erfahren wir nicht. Dass es so aussieht, erfahren wir nur mittels eines Vergleichs »so wie«.

**Vor dem Gesetz**

Vor dem Gesetz steht ein Türhüter. Zu diesem Türhüter kommt ein Mann vom Lande und bittet um Eintritt in das Gesetz. Aber der Türhüter sagt, daß er ihm jetzt den Eintritt nicht gewähren könne. Der Mann überlegt und fragt dann, ob er also später werde eintreten dürfen. »Es ist möglich«, sagt der Türhüter, »jetzt aber nicht.« Da das Tor zum Gesetz offensteht wie immer und der Türhüter beiseite tritt, bückt sich der Mann, um durch das Tor in das Innere zu sehn. Als der Türhüter das merkt, lacht er und sagt: »Wenn es dich so lockt, versuche es doch, trotz meines Verbotes hineinzugehn. Merke aber: Ich bin mächtig. Und ich bin nur der unterste Türhüter. Von Saal zu Saal stehn aber Türhüter, einer mächtiger als der andere. Schon den Anblick des dritten kann nicht einmal ich mehr ertragen.« Solche Schwierigkeiten hat der Mann vom Lande nicht erwartet; das Gesetz soll doch jedem und immer zugänglich sein, denkt er, aber als er jetzt den Türhüter in seinem Pelzmantel genauer ansieht, seine große Spitznase, den langen, dünnen, schwarzen tatarischen Bart, entschließt er sich, doch lieber zu warten, bis er die Erlaubnis zum Eintritt bekommt. Der Türhüter gibt ihm einen Schemel und läßt ihn seitwärts von der Tür sich niedersetzen. Dort sitzt er Tage und Jahre. Er macht viele Versuche, eingelassen zu werden, und ermüdet den Türhüter durch seine Bitten. Der Türhüter stellt öfters kleine Verhöre mit ihm an, fragt ihn über seine Heimat aus und nach vielem andern, es sind aber teilnahmslose Fragen, wie sie große Herren stellen, und zum Schlusse sagt er ihm immer wieder, daß er ihn noch nicht einlassen könne. Der Mann, der sich für seine Reise mit vielem ausgerüstet hat, verwendet alles, und sei es noch so wertvoll, um den Türhüter zu bestechen. Dieser nimmt zwar alles an, aber sagt dabei: »Ich nehme es nur an, damit du nicht glaubst, etwas versäumt zu haben.« Während der vielen Jahre beobachtet der Mann den Türhüter fast ununterbrochen. Er vergißt die andern Türhüter, und dieser erste scheint ihm das einzige Hindernis für den Eintritt in das Gesetz. Er verflucht den unglücklichen Zufall, in den ersten Jahren rücksichtslos und laut, später, als er alt wird, brummt er nur noch vor sich hin. Er wird kindisch, und, da er in dem jahrelangen Studium des Türhüters auch die Flöhe in seinem Pelzkragen erkannt hat, bittet er auch die Flöhe, ihm zu helfen und den Türhüter umzustimmen. Schließlich wird sein Augenlicht schwach, und er weiß nicht, ob es um ihn wirklich dunkler wird, oder ob ihn nur seine Augen täuschen. Wohl aber erkennt er jetzt im Dunkel einen Glanz, der unverlöschlich aus der Türe des Gesetzes bricht. Nun lebt er nicht mehr lange. Vor seinem Tode sammeln sich in seinem Kopfe alle Erfahrungen der ganzen Zeit zu einer Frage, die er bisher an den Türhüter noch nicht gestellt hat. Er winkt ihm zu, da er seinen erstarrenden Körper nicht mehr aufrichten kann. Der Türhüter muß sich tief zu ihm hinunterneigen, denn der Größenunterschied hat sich sehr zuungunsten des Mannes verändert. »Was willst du denn jetzt noch wissen?« fragt der Türhüter, »du bist unersättlich.« »Alle streben doch nach dem Gesetz«, sagt der Mann, »wieso kommt es, daß in den vielen Jahren niemand außer mir Einlaß verlangt hat?« Der Türhüter erkennt, daß der Mann schon an seinem Ende ist, und, um sein vergehendes Gehör noch zu erreichen, brüllt er ihn an: »Hier konnte niemand sonst Einlaß erhalten, denn dieser Eingang war nur für dich bestimmt. Ich gehe jetzt und schließe ihn.«

Dieser zweite Text hat den Titel *Vor dem Gesetz*, wird aber auch *Türhüterlegende* genannt. Der Text stammt aus dem Jahr 1915 und ist eingebettet in den Roman *Der Process*, wurde aber von Kafka schon zu Lebzeiten als eigenständige Geschichte veröffentlicht. Die letzten Zeilen klingen nach einer ungenutzten Gelegenheit. Doch wo bzw. wann sollte der Mann seine Chance denn eigentlich vertan haben, Einlass gewährt zu bekommen?

Auch hier bietet es sich an, ja drängt es sich förmlich auf, bestimmte Elemente zu verallgemeinern, um sie anschaulicher zu machen. Was zum Beispiel ist das Gesetz? Im Text tritt es vergegenständlicht auf, wie ein Gebäude mit einer bestimmten Architektur. Gleichzeitig ist das Gesetz so etwas wie ein existenzieller Zielpunkt für alle Menschen einer bestimmten

Gemeinschaft (diese Elemente hatte sich Kafka aus der jüdischen Religion entliehen). Was soll es dann bedeuten, um Einlass in das Gesetz zu bitten? In beiden Texten, sowohl in *Gibs auf!* als auch in *Vor dem Gesetz*, geht es um ein Begehren; in beiden Fällen wird das Begehren wider Erwarten nicht erfüllt; in beiden Texten, im zweiten ganz deutlich, geht es um eine existenzielle Dimension dieses Wunsches und dessen Auswirkungen. Weg und Gesetz, so könnte man ein erstes Verständnis formulieren, geben dem Leben Struktur und Ziel, aber das Leben ist gekennzeichnet dadurch, dass der Weg verfehlt werden kann und das Gesetz nicht zu erreichen ist.

Mit den Verallgemeinerungen könnte man fortfahren: So könnte man den Bahnhof mit dem Lebensziel identifizieren, das Gesetz mit der Gesellschaft. Ins Gesetz zu gelangen würde dann bedeuten, als Teil der Gesellschaft anerkannt, also gerechtfertigt zu sein. Dies ließe sich sogar juristisch verstehen: Es geht darum, auf der Basis eines Gesetzes (Verfassung, Bürgerrechte und Rechtsprechung) als Bürger anerkannt zu sein (das würde auf die Assimilationsproblematik verweisen bzw. darauf, ob und wie sich etwa Juden an die sie umgebende Gesellschaft anpassen oder sich in sie einordnen); und es ließe sich im Sinne des religiösen Judentums verstehen, zumal in der jüdischen Vorstellung Gesetz, Religion, Gesellschaft ineinander zusammenfließen (und das ist eine Denktradition, aus der Kafka unzweifelhaft schöpft). Im Gesetz (in den zehn Geboten, in den religiösen Gesetzen, in der Tora) würde sich so die Stiftung eines Bundes zwischen Gott und seinem Volk zeigen. Im Gesetz zu sein würde dann bedeuten, ein akzeptiertes Mitglied der Gemeinde zu sein.

So ließe sich das Begehren und auch die Vergeblichkeit des Begehrens des Mannes vom Lande aus der *Türhüterlegende* verstehen: Der Mann vom Lande wäre als ein Am ha'aretz zu verstehen (»Mann vom Lande« wäre auch die ungefähre Übersetzung dieses hebräischen Ausdrucks). Der Begriff bezeichnet eine typisch jüdische Figur, nämlich jemanden vom Land, der nicht die Bildung genossen hat wie diejenigen, die aus der Stadt kommen, und der insbesondere das Gesetz, also die Tora, nicht kennt.

Und auch das ist eine jüdische Vorstellung, dass die Stiftung der Gemeinschaft für jedes einzelne Mitglied gilt: Man wird nicht als Mitglied einer Gruppe oder aufgrund allgemeiner Kennzeichen aufgenommen, sondern als die Person, die man ist. Das Gesetz muss daher vom Einzelnen verstanden werden, dann erst ist man anerkannt.

Kafka allerdings erzählt diese Geschichte als Negativgeschichte: Die Verheißungen, die man mit Weg und Gesetz verbinden kann, haben sich nicht erfüllt und werden sich nicht erfüllen, ja, sie haben sich in ihr Gegenteil verkehrt.

Für eine Deutung klingt das schon einigermaßen vielversprechend: Kafka würde demnach einen Kampf um Anerkennung beschreiben, der vergeblich ist. Man könnte darin ein Grundmuster sehen, das schon in seiner allerersten Erzählung, die den bezeichnenden, ja programmatischen Titel *Beschreibung eines Kampfes* trägt (sie entstand zwischen 1903 und 1907 in zwei Fassungen), zum Ausdruck kommt.

So vielversprechend sich diese Deutungsperspektive anhört, sie ließe sich fortgesetzt variieren, indem man weitere Bedeutungen für Weg und Gesetz anführt. Das mag durchaus ein intellektuelles Vergnügen sein. Doch birgt dies auch eine große Gefahr in sich, weil das Spiel unabgeschlossen ist, in die Beliebigkeit führt und ziemlich schnell bei der Frage endet, welche Bedeutungsebene denn nun die eigentlich richtige sei. Man würde also die Texte als Allegorien verstehen, die einen schwierigen Sachverhalt (den Kampf um Anerkennung, die Sinnsuche des Menschen) durch etwas anderes, was in einer einfachen Geschichte gefasst wird, ausdrücken. Der Versuch, diesen Sachverhalt über diesen Umweg dingfest zu machen, wäre dann eine Allegorese oder eine allegorische Lesart.

Wenn nun aber alle Allegoresen immer auch darunter leiden, dass sie nicht letztgültig zu bestätigen sind, so könnte man den Versuch starten, eine Allegorese zu finden, die in besonderer Weise ausgezeichnet ist. Eine solche Auszeichnung wäre dort gegeben, wo man nicht mehr Allegorese an Allegorese anfügt, sondern die Allegorese auf sich selbst bezieht. Man würde den Text also so lesen, als ob er die eigene Lektüreerfahrung beschreibt. Das Ich in *Gibs auf!* ebenso wie der Mann vom Lande wäre somit der Stellvertreter des Lesers oder der Leserin. Die Texte zu lesen, würde also bedeuten, den Weg zu kennen und Einlass zum Sinn der Texte zu begehren. Doch verhindern dies die Texte selbst – und die Instanzen, die sie anführen, nämlich Schutzmann oder Türhüter.

So könnte man die Texte als Sinnbild für das gesamte Werk lesen, sozusagen: Kafka in nuce, indem man daraus das typische Moment einer jeden Kafka-Erzählung, ja, des Schreibens Kafkas selbst ableitet. Man würde dabei in Kafkas Texten über das im Text selbst als unmöglich gesetzte Verständnis des Textes sprechen, um sodann den Blick zu weiten auf etwas, was für moderne literarische Texte typisch ist und bei Kafka beispielhaft zum Ausdruck kommt.

Der dritte Text setzt fort, was die ersten Texte schon haben deutlich werden lassen. Doch wirft dieser dritte Text nun die Frage nach der Möglichkeit des Verständnisses solcher Texte selbst auf. Dazu stellt er den Gleichnischarakter solcher Texte heraus, problematisiert ihn und bezieht ihn schließlich auch noch auf sich selbst. Der Text hat wiederum einen treffenden Titel, doch auch hier stammt er von Brod:

**Von den Gleichnissen**

Viele beklagen sich, daß die Worte der Weisen immer wieder nur Gleichnisse seien, aber unverwendbar im täglichen Leben, und nur dieses allein haben wir. Wenn der Weise sagt: »Gehe hinüber«, so meint er nicht, daß man auf die andere Seite hinübergehen solle, was man immerhin noch leisten könnte, wenn das Ergebnis des Weges wert wäre, sondern er meint irgendein sagenhaftes Drüben, etwas, das wir nicht kennen, das auch von ihm nicht näher zu bezeichnen ist und das uns also hier gar nichts helfen kann. Alle diese Gleichnisse wollen eigentlich nur sagen, daß das Unfaßbare unfaßbar ist, und das haben wir gewußt. Aber das, womit wir uns jeden Tag abmühen, sind andere Dinge.

Darauf sagte einer: »Warum wehrt ihr euch? Würdet ihr den Gleichnissen folgen, dann wäret ihr selbst Gleichnisse geworden und damit schon der täglichen Mühe frei.«

Ein anderer sagte: »Ich wette, daß auch das ein Gleichnis ist.«

Der erste sagte: »Du hast gewonnen.«

Der zweite sagte: »Aber leider nur im Gleichnis.«

Der erste sagte: »Nein, in Wirklichkeit; im Gleichnis hast du verloren.«

Der Text besteht aus zwei kurzen Teilen: Im ersten Teil spricht eine Figur über jene vielen anderen, die sich über die Worte der Weisen beklagen, weil Gleichnisse immer sinnlos sind, und zwar entweder weil sie nichts oder weil sie Unverständliches aussagen.

Der zweite Teil gibt sich dynamischer, entfaltet ein regelrechtes Streitgespräch in Form einer Wette: Ein weiterer Sprecher erwidert auf diese Klage der vielen, dass man den Gleichnissen folgen müsse, um selbst Gleichnis zu werden. Ein weiterer Sprecher (ein zweiter) identifiziert diese Rede wiederum als Gleichnis und wettet darauf, dass das auch tatsächlich der Fall sei. Was soll das bedeuten?

Hat Kafka damit so etwas wie sein Schreibgeheimnis, seine Poetologie verraten? Tatsächlich haben sich einige Forscher und Forscherinnen intensiv mit dem Parabelhaften bei Kafka auseinandergesetzt und insbesondere darauf aufmerksam gemacht, dass Kafka die Form der Gleichnisse nutzt, aber diese Form zugleich unterwandert, weil er die Struktur des Gleichnisses (das eine, Einfache, Kleine, Konkrete gleicht dem anderen, Komplexen, Großen, Abstrakten) aufhebt oder zerstört. Genau davon aber spricht der Text *Von den Gleichnissen.*

Es begegnet hier aber darüber hinaus eine Formulierung, die aufhorchen lässt: Wie kann man ein Gleichnis *werden*, was wohl auch heißt, wie kann man sich in einen literarischen Text verwandeln? (Das wäre nämlich auch vermutlich eine Verwandlung in Kafkas Sinne. Wo er die Verwandlung in Literatur anstrebt, erschiene er für die Familie, die Umwelt, die Gesellschaft als Ungeziefer.)

An zwei weiteren Stellen kommt diese Gedankenfigur bei Kafka vor, zum einen in der 1917 verfassten Erzählung *Elf Söh-*

*ne*. Man hat angenommen, dass diese Erzählung mit der Auflistung der Charaktereigenschaften von elf Söhnen durch einen Vater elf Erzählungen Kafkas kommentiert. Auch hier haben sich in der Erzählung bzw. im Erzählen Texte in Figuren, genauer: in Söhne verwandelt.

Noch deutlicher wird diese Verwandlung zum anderen in einem Briefentwurf (den Kafka am 21. August 1913 in seinem Tagebuch notiert) an Carl Bauer, den Vater von Felice Bauer: ein irritierender Brief, weil Kafka seinen potentiellen Schwiegervater davon überzeugen will, dass er, Kafka, keinen geeigneten Schwiegersohn und keinen geeigneten Ehemann abgeben würde.

Sie zögern mit der Beantwortung meiner Bitte, das ist ganz verständlich, jeder Vater würde es jedem Bewerber gegenüber tun, das veranlaßt diesen Brief also ganz und gar nicht, äußersten Falls vergrößert es meine Hoffnung auf ruhige Würdigung dieses Briefes. [...]

Mein Posten ist mir unerträglich, weil er meinem einzigen Verlangen und meinem einzigen Beruf, das ist der Literatur, widerspricht. Da ich nichts anderes bin als Literatur und nichts anderes sein kann und will, so kann mich mein Posten niemals zu sich reißen, wohl aber kann er mich gänzlich zerrütten. Davon bin ich nicht weit entfernt. Nervöse Zustände schlimmster Art beherrschen mich ohne auszusetzen und dieses Jahr der Sorgen und Quälereien um meine und Ihrer Tochter Zukunft hat meine Widerstandslosigkeit vollständig erwiesen. Sie könnten fragen, warum ich diesen Posten nicht aufgebe und mich – Vermögen besitze ich nicht – nicht von literarischen Arbeiten zu erhalten suche. Darauf kann ich nur die erbärmliche Antwort geben, daß ich nicht die Kraft dazu habe und, soweit ich meine Lage überblicke, eher in diesem Posten zugrunde gehen, aber allerdings rasch zugrunde gehen werde.

Und nun stellen Sie mich Ihrer Tochter gegenüber, diesem gesunden, lustigen, natürlichen, kräftigen Mädchen. Sooft ich es ihr auch in etwa fünfhundert Briefen wiederholte und sooft sie mich mit einem allerdings nicht überzeugend begründeten ›Nein‹ beruhigte – es bleibt doch wahr, sie muß mit mir unglücklich werden, soweit ich es absehen kann. Ich bin nicht nur durch meine äußerlichen Verhältnisse, sondern noch viel mehr durch mein eigentliches Wesen ein verschloßener, schweigsamer, ungeselliger, unzufriedener Mensch, ohne dies aber für mich als ein Unglück bezeichnen zu können, denn es ist nur der Widerschein meines Zieles. Aus meiner Lebensweise, die ich zu Hause führe, lassen sich doch wenigstens Schlüsse ziehn. Nun, ich lebe in meiner Familie, unter den besten und liebevollsten Menschen, fremder als ein Fremder. Mit meiner Mutter habe ich in den letzten Jahren durchschnittlich nicht zwanzig Worte täglich gesprochen, mit meinem Vater kaum jemals mehr als Grußworte gewechselt. Mit meinen verheirateten Schwestern und den Schwägern spreche ich gar nicht, ohne etwa mit ihnen böse zu sein. Der Grund dessen ist einfach der, daß ich mit ihnen nicht das Allergeringste zu sprechen habe. Alles, was nicht Literatur ist, langweilt mich und ich hasse es, denn es stört mich oder hält mich auf, wenn auch nur vermeintlich. Für Familienleben fehlt mir dabei jeder Sinn, außer der des Beobachters im besten Fall. Verwandtengefühl habe ich keines, in Besuchen sehe ich förmlich gegen mich gerichtete Bosheit.

Eine Ehe könnte mich nicht verändern, ebenso wie mich mein Posten nicht verändern kann.

Entwurf eines Briefes an Carl Bauer im Tagebuch vom 21. August 1913

Ein Gleichnis werden, Literatur sein: Das sind Formulierungen, mit denen Kafka sich gegen bürgerliche Erwartungen und Zumutungen wehrt. Doch wo er im Brief(entwurf) darauf besteht, Literatur sein zu wollen, reflektiert der Text *Von den Gleichnissen* unabhängig davon, von wem der Titel stammt, die Unmöglichkeit, zum Gleichnis werden zu können. Kafka liebt dieses Spiel mit den Paradoxien des Parabolischen und setzt noch eine Ebene drauf, indem er einen – wie man es nennen könnte – autoperformativen Widerspruch (also eine sich auf sich selbst beziehende Sprechhandlung, die sich selbst aushebelt) erzeugt: Er schreibt einen literarischen Text, der die (seine) Verwandlung in Literatur dokumentieren könnte, obschon im Text selbst genau diese Möglichkeit in (der) Wirklichkeit ausgeschlossen wird.

Man könnte also festhalten: Kafkas Texte werfen durchaus die Frage auf, inwieweit sie überhaupt verstanden werden können oder sollen. Sie fordern die Leser und Leserinnen auf, nach einem Verständnis zu suchen. Doch zugleich verweigern sie diesen diese Möglichkeit.

Dies wird noch deutlicher, wenn man auf die ursprüngliche Situation blickt, in der der Text *Gibs auf!* geschrieben wurde: In Kafkas Aufzeichnungen findet sich vor dieser Erzählung ein Briefentwurf an seinen Schriftstellerkollegen Franz Werfel, in dem sich Kafka auf eine jüdische Tradition des Kommentars des Talmuds, genauer: auf einen der berühmtesten Kommentatoren, RaSCHI (Rabbi Schlomo Izchaki), bezieht. Kafka stellt fest, dass die »Leiden und Freuden« des Judentums seit jeher mit ihrem Kommentar einhergehen. Im Anschluss folgt der Text der kleinen Erzählung, und dazwischen steht (wohl als Überschrift gedacht) »Ein Kommentar«. Kafka hat sich mit seiner Geschichte, die selbst als Kommentar zu verstehen ist, in diese Tradition eingeordnet; er spielt mit dem Gedanken, sein Text sei auch ein Talmud-Kommentar, allerdings mit negativem Vorzeichen. So wäre das »Gibs auf!« des Schutzmanns keine Antwort, wohl aber ein Kommentar zur Frage des Ichs nach dem (rechten) Weg.

Der Text stellt aber gleichzeitig die Frage, was ein Kommentar ist und wie Kommentar und Kommentiertes aufeinander bezogen werden sollen. Ein Kommentar ist ein Text, der zu einem anderen, meist kanonischen Text, der also eine größere Autorität als der Kommentar hat, hinzutritt und eine Position formuliert, wie man diesen Text verstehen könnte oder sollte. Ein Kommentar versucht also, eine Hilfestellung bei der Aufgabe zu geben, etwas zu verstehen, und muss doch selbst verstanden werden. Und das ist nicht so einfach.

Solche Kommentare gibt es nicht nur im religiösen Bereich des Judentums, also in einer bestimmten Tradition des Talmuds, die Kafka vertraut war. Es gibt sie auch in zwei anderen Bereichen, die für Kafka relevant waren, nämlich in der Jurisprudenz (Gesetzeskommentar) und schließlich in der Literatur selbst.

Wenn Kafka also seinen Text mit »Ein Kommentar« überschreibt, wenn er seine Texte als Kommentare erscheinen lässt, sind alle diese Bereiche irgendwie mitbeteiligt. Und er liefert uns ein Beispiel dafür, was es heißt, ja, welch knifflige Aufgabe sich darin verbirgt, wenn ein literarischer Text uns auffordert, diesen Text als Kommentar zu lesen.

## Kafkas Leben: der Mythos und die Bilder, sein Recht zu schreiben und sein Judentum

Wenn man sich diese drei Texte (*Gibs auf!*, *Vor dem Gesetz*, *Von den Gleichnissen*) vergegenwärtigt, so drängt sich die Frage auf, wer denn so etwas schreibt? Wer solche Texte schreibt, die die Unverständlichkeit und Ausweglosigkeit des menschlichen Seins parabelhaft schildern, der muss ja selbst von der Erfahrung geprägt sein. Er muss glauben, einer unverständlichen Welt gegenüberzustehen – und müsste daher seine aus dieser Unverständlichkeit der Welt resultierenden Lebenskrisen als Quellen seiner Texte verstehen. Aber damit wäre man bereits in die Falle einer autobiographischen Lesart gegangen: Man schließt von den Texten auf den Autor zurück – und schon wieder hat der Kafka-Mythos zugeschlagen.

Oder aber der Autor (Kafka) muss doch wenigstens selbst schwer an der Erkenntnis einer kafkaesken Welt tragen. Milena Jesenská hätte es besser wissen müssen: Kafka war kein »Einsiedler«, kein »vom Leben erschreckter Mensch«. Das Gegenteil war der Fall. Er war vom Leben nicht erschreckt, sondern von bestimmten konkreten Zumutungen (etwa der Zumutung, nicht schreiben zu können), er war sicherlich kein Einsiedler, sondern, abgesehen von den Schreibphasen, die er für sich in Anspruch nehmen wollte, ein geselliger Mensch, ein treuer Freund, ein leidenschaftlich Reisender und vielfältig interessierter Zeitgenosse (was nicht heißt, dass er nicht auch schwierig war). Mit anderen Worten: Auch Milena konstruiert einen Kafka-Mythos!

Kafka selbst lockt natürlich auf diese Fährte, nicht zuletzt mit seinen Namensspielen, wenn er etwa die beiden Helden seiner beiden letzten großen Romane, *Der Process* und *Das Schloß*, mit dem Namenskürzel »K« benennt. Im *Schloß* heißt der Held nur »K.«, im *Process* sogar noch »Josef K.« (Wenn man bedenkt, dass in der k. u. k.-Monarchie die Namensverbindung »Franz Josef« geradezu allgegenwärtig war, wird der Hinweis, von Josef auf Franz – und von K auf Kafka – zu schließen, noch überzeugender. Und Kafka selbst wurde in einem Hotel einmal irrtümlich als Josef K. angemeldet.)

Aber hier darf man Kafka nicht auf den Leim gehen, so verlockend es auch sein mag. Verlockend war es beispielsweise für die Verfilmungen: So präsentiert uns der junge Anthony Perkins, den man schon aus Hitchcocks *Psycho* (1960) als Verkörperung einer psychischen Ausnahmeerscheinung kannte, in der Verfilmung von Kafkas *Process*-Roman durch Orson Welles aus dem Jahre 1962 den Protagonisten als einen ängstlichen, depressiven und neurotischen Charakter, der dazu einlädt, nicht zuletzt auch durch eine gewisse äußere Ähnlichkeit mit Kafka die Figur mit dem Autor des Romans gleichzusetzen.

Einen ähnlichen Charakter präsentiert Jeremy Irons in dem Film *Kafka* von Steven Soderbergh aus dem Jahr 1991: Das Ganze ist dabei keine Kafka-Verfilmung im engeren Sinne,

## Filme

- Kafka. Regie: Steven Soderbergh. Buch: Lem Dobbs. Mit Jeremy Irons u. a. Frankreich/USA 1991. 98 min.
- Der Prozeß. Regie und Buch: Orson Welles. Mit Anthony Perkins u. a. Deutschland/Frankreich/Italien 1962. 118 min.
- Das Schloß. Regie und Buch: Michael Haneke. Mit Ulrich Mühe, Susanne Lothar u. a. Österreich 1997. 123 min.
- Klassenverhältnisse. Regie: Jean-Marie Straub und Danièle Huillet. Mit Christian Heinisch u. a. Deutschland/Frankreich 1984. 126 min. (Verfilmung der Erzählung *Der Heizer*)
- Kafkas Der Bau. Regie: Jochen Alexander Freydank. Mit Axel Prahl u. a. Deutschland 2014. 110 min.

## Graphic Novel / Sachcomic

- Eric Corbeyran, Eric und Richard Horne: Die Verwandlung von Franz Kafka. München 2010.
- David Zane Mairowitz und Robert Crump: Kafka. Frankfurt a. M. 1995. Neuausgabe: Berlin 2013.
- David Zane Mairowitz und Chantal Montellier: Der Process nach Franz Kafka. München 2013.
- Moritz Stetter: Das Urteil nach Franz Kafka. München 2015.

sondern kombiniert Motive aus Kafkas Werk mit anderen Motiven der modernen Phantastik. Die Figur heißt hier auch »Kafka« und schafft es zumindest, in einem Schloss Menschenversuche aufzudecken. Doch macht auch die Rolle Kafkas, die Irons verkörpert, letztlich nicht Kafka, sondern gewisse Aspekte des Kafka-Mythos anschaulich (auch dem Josef K. aus der Adaptation als Graphic Novel von David Zane Mairowitz wird das Aussehen von Franz Kafka verliehen).

Die Fakten: Franz Kafka (3. Juli 1883–3. Juni 1924) oder Dr. iur. Franz Kafka, wie seit seinem 23. Lebensjahr amtlich sein Name lautete, war ein promovierter Jurist und arbeitete als Beamter von August 1908 bis zu seiner krankheitsbedingten, endgültigen Entlassung aus dem Dienst zum 1. Juli 1922 bei der halbstaatlichen »Arbeiter-Unfall-Versicherungsanstalt für das Königreich Böhmen«, die nach dem Untergang der k. u. k.-Monarchie nach dem Ende des Ersten Weltkriegs in die Verantwortung des neuen tschechoslowakischen Staates überging. In seiner Freizeit hat er literarische Texte geschrieben, aber nur die wenigsten davon veröffentlicht. Man könnte sagen: Er war ein Hobbyschriftsteller.

Stimmt das? Einen der wichtigsten Autoren der modernen Weltliteratur als Hobbyschriftsteller zu bezeichnen, ist schon ein starkes Stück. Die Bezeichnung »Hobbyschriftsteller« ist also grundfalsch – und doch so falsch auch wieder nicht. Kafka ist nie das Wagnis eingegangen, sich als freier Schriftsteller auf dem Literaturmarkt zu behaupten. Als die Möglichkeit dazu nach seiner Entlassung aus dem Dienst 1922 bestand, haben das weder seine Gesundheit noch die sozialen Umstände (die schon aufkommende Hyperinflation in Deutschland) erlaubt – ganz zu schweigen von seiner Arbeitsweise. Sosehr er auch beklagt hat, wie sehr sein »Brotberuf« (eine Bezeichnung, die er

Kafka als Beamter

selbst wählt) ihn neben den familiären Verpflichtungen belastet und vom Schreiben abhält, so deutlich hat er doch auch gesehen, dass eine freie Schriftstellerexistenz ihn doch in neue und noch schlimmere Abhängigkeiten geführt hätte. In seinem Tagebuch hält er am 28. März 1911 diesen Umstand ausdrücklich fest:

Abgesehen von meinen Familienverhältnissen könnte ich von der Litteratur schon infolge des langsamen Entstehens meiner Arbeiten und ihres besonderen Charakters nicht leben; überdies hindert mich auch meine Gesundheit und mein Charakter daran, mich einem im günstigsten Falle ungewissen Leben hinzugeben. Ich bin daher Beamter in einer sozialen Versicherungsanstalt geworden. Nun können diese zwei Berufe einander niemals ertragen und ein gemeinsames Glück zulassen. Das kleinste Glück in einem wird ein großes Unglück im zweiten. Habe ich an einem Abend Gutes geschrieben, brenne ich am nächsten Tag im Bureau und kann nichts fertigbringen. Dieses Hinundher wird immer ärger. Im Bureau genüge ich äußerlich meinen Pflichten, meinen innern Pflichten aber nicht, und jene nichterfüllte innere Pflicht wird zu einem Unglück, das sich aus mir nicht mehr rührt.

Allerdings darf man dabei nicht übersehen, dass solche Festlegungen mehr dazu dienen, sein Schreibprojekt herauszustellen, als korrekte Beschreibungen seiner Situation zu geben. Denn alle relevanten biographischen Details lassen sich in seinem Fall in irgendeiner Weise auf sein Schreiben und auf die Möglichkeiten zu schreiben zurückbeziehen. Zwar wertet er seine Arbeit als Brotberuf gegenüber dem Schreiben ab, doch war er ein erfolgreicher Jurist und mit seinen enormen Fachkenntnissen ein gefragter Verwaltungsbeamter.

Kafka studiert von 1901 bis 1906 Jura an der deutschen Karl-Ferdinands-Universität in Prag. Anfängliche Interessen für Chemie und für Germanistik gibt er schnell auf, unterwirft sich stattdessen den sozialen Erwartungen: Er ergreift einen Beruf, mit dem man in der assimilierten jüdischen Mittelschicht Karriere machen kann. 1906 wird er zum Doktor der Rechte promoviert und beginnt sein vorgeschriebenes gerichtspraktisches Jahr. Am 1. Oktober 1907 tritt er seine erste Anstellung an und wird Versicherungsbeamter bei dem großen, noch heute tätigen Versicherungskonzern Assicurazioni Generali mit Hauptsitz in Triest. Diese Anstellung ist ein Fulltimejob, den Kafka kaum ein Jahr später aufgibt und in die halbstaatliche »Arbeiter-Unfall-Versicherungsanstalt für das Königreich Böhmen« eintritt – mit dem Vorteil, dass die Dienststunden von 8 bis 14 Uhr begrenzt sind und Kafka somit Zeit bleibt, zu schreiben. Seine Aufgabe besteht darin, im Zuständigkeitsbereich dieser wie eine Behörde arbeitenden Institution anfallende Versicherungsfälle zu bearbeiten. Später, mit mehr Kompetenz und Befugnis, wird er auch Richtlinien für die Unfallverhütung entwerfen, umsetzen und ihre Einhaltung überprüfen. Er sollte diese Stelle behalten, bis er aus Gesundheitsgründen zum 1. Juli 1922 vorzeitig und endgültig pensioniert wird.

Anders als Kafka es darstellt, machte er also durchaus und sehr erfolgreich Karriere. Er übernimmt verantwortungsvolle Aufgaben und wird von seinen Vorgesetzten geschätzt. Er wird immer wieder befördert, selbst dann noch, als er aus Krankheitsgründen längere Zeit vom Dienst befreit ist. Die profunde Kenntnis bürokratischer Strukturen wird maßgeblich in sein Werk einfließen.

Doch umgekehrt ist Kafka auch als Beamter Autor, denn eine Behörde produziert Schriften bzw. Akten und Vermerke. Entsprechend sind seine *Amtlichen Schriften* als Teil seines Werkes veröffentlicht. Sie bieten eine besondere Lektüreerfahrung eines klaren, problemorientierten Zugriffs bei allem begleitenden verschwurbelten Beiwerk der Kanzleisprache der Zeit.

Als Jurist in der Familie hat er geholfen, einen Vertrag auszuarbeiten, um der Familie die Kontrolle über eine Firma, die seinem Schwager gehörte, zu sichern. So wird Kafka sogar zeitweise Geschäftsführer einer Firma. Das zeigt zweierlei: Die daraus resultierende Mehrbelastung, die seine Schreibmöglichkeiten weiter reduziert, gibt Kafka Anlass zu heftigen Klagen, ja zu Suizidgedanken. Doch zeigt dies auf der anderen Seite, wie geschäftstüchtig der Jurist Kafka ist.

Es ist schon bemerkenswert, wie stark das juristische Denken bei Kafka in sein Schreiben einfließt, obwohl er sich auch von seinem juristischen Brotberuf zu distanzieren und Freiräume jenseits des Berufs für sein Schreiben zu schaffen sucht. Damit sind nicht nur die vielen juristischen Metaphern und Verfahren gemeint (»Prozeß«, »Urteil«, »Strafe«), sondern schließlich sogar zwei literarische Selbstentwürfe in seinem Tagebuch, denen er jeweils eine juristische Formel zugrunde legt.

Es ist ja Mitternacht, aber das ist, da ich sehr gut ausgeschlafen bin, nur insoferne [sic!] Entschuldigung als ich bei Tag überhaupt nichts geschrieben hätte. Die angezündete Glühlampe, die stille Wohnung, das Dunkel draußen, die letzten Augenblicke des Wachseins sie geben mir das Recht zu schreiben und sei es auch das Elendste. Und dieses Recht benütze ich eilig. Das bin ich also.

Tagebuch vom 25. Dezember 1910

> Womit entschuldige ich, daß ich heute noch nichts geschrieben habe? Mit nichts. [...] Ich habe immerfort eine Anrufung im Ohr: »Kämest du, unsichtbares Gericht!«
>
> Tagebuch vom 20. Dezember 1910

Der Jurist identifiziert sich mit dem »Recht zu schreiben«, das er für sich einfordert! Schreibt er nicht, droht unentschuldbare Schuld vor einem unsichtbaren Gericht.

Kafka begann vermutlich im Jahr 1909 mit dem Schreiben, genauer: mit dem Tagebuch-Schreiben. Sein Tagebuch beendet er erst kurz vor seinem Tode, als er von seiner Lungenkrankheit zu geschwächt ist, um noch weiter schreiben zu können.

Schreiben machte Kafkas Leben aus. Und eine entsprechende Intensität forderte er auch von Werken anderer Autorinnen und Autoren: Schon sehr früh, am 27. Januar 1904, schreibt er an seinen Freund Oskar Pollak:

> Wir brauchen aber die Bücher, die auf uns wirken wie ein Unglück, das uns sehr schmerzt, wie der Tod eines, den wir lieber hatten als uns, wie wenn wir in Wälder vorstoßen würden, von allen Menschen weg, wie ein Selbstmord, ein Buch muß die Axt sein für das gefrorene Meer in uns.

Was Kafka von fremden Büchern früh einfordert, kann man durchaus als sein eigenes schriftstellerisches Ideal verstehen. Seine Texte wollen etwas Erstarrtes aufbrechen, was auch heißt: das Selbstverständliche unverständlich machen.

Aber: Bücher? Kafka hat zwar viel geschrieben, aber nur wenig Bücher veröffentlicht. Tatsächlich ist der größte Teil von

Kafkas Werk zu seinen Lebzeiten unveröffentlicht geblieben. Kafka selbst hat nur ungefähr ein Zehntel seines gesamten Werkes zur Publikation freigegeben.

Nicht, dass Kafka seine Texte nicht veröffentlicht sehen wollte, im Gegenteil. Er hat sich mit Nachdruck um seine Publikationen gekümmert. Alle begleitenden Faktoren – von der Buchgestaltung bis zur Manuskripteinrichtung – waren ihm geradezu eine Herzensangelegenheit. Warum wurde dann dennoch so wenig veröffentlicht? Lag es daran, dass Kafka ein Perfektionist war? Tatsächlich mussten Kafkas Texte in seinem eigenen Anspruch ein Höchstmaß an Qualität aufweisen. Das allerdings ist nur gegeben, wenn der Text in einer perfekten Schreibsituation wie idealerweise in der Nacht vom 22. auf den 23. September 1912, als er *Das Urteil* schrieb, entstehen konnte. Hier war sein Schreibideal erfüllt, steigern sich Schreibsituation und geschriebener Text wechselseitig in ihrem Qualitätsanspruch.

Oder anders ausgedrückt: Kafkas wichtigstes Ziel bestand nicht darin, seine Texte irgendwie und irgendwo zu publizieren oder publiziert zu sehen, sondern sein Schreibideal zu verwirklichen. Die ideale Situation aus der Nacht vom 22. auf den 23. September 1912 sollte sich jedoch nicht mehr wiederholen, doch unternimmt Kafka immer neue Anläufe und Versuche, solches wiederzuerleben, indem er auch andere Schreibformen ausprobiert, etwa Aphorismen, die er auf Zetteln notiert.

Liest man Kafkas Literatur autobiographisch, gerät man leicht auf den Holzweg. Liest man seine Biographie literarisch, ergibt sich das Gesamtbild eines Autors, für den sein Schreiben das Wichtigste im Leben war. An drei Themenkomplexen (die einander überschneiden und in denen das Schreiben und das Leben aufs engste, aber eben auch sehr konfliktträchtig

Die Eltern: Hermann (1852-1931) und Julie Kafka (geb. Löwy) (1856-1934)

miteinander verbunden sind) zeigt sich dies besonders deutlich, nämlich 1. an Kafkas Verhältnis zu seinem Vater, 2. seinem Verhältnis zu Frauen im Allgemeinen, vor allem zu seiner ersten Verlobten, Felice Bauer, im Besonderen, und schließlich 3. an seinem Verhältnis zum Judentum.

Den *Brief an den Vater* kann und sollte man als literarischen Text lesen, ursprünglich war er jedoch als echter Brief gedacht. Er sollte dem Vater, Hermann Kafka, von der Mutter übergeben werden, die das allerdings für keine gute Idee hielt und ihn Kafka zurückgab. Damit hatte sie wohl recht, denn was hätte der Vater wohl mit diesem Brief anfangen sollen? Was hätte er also zu einem Brief sagen sollen, der, literarisch ausgefeilt, die

Beziehung zwischen Vater und Sohn einer grundlegenden, aber wenig konstruktiven Analyse unterwarf?

Vater-Sohn-Konflikte waren ein typisches Thema der expressionistischen Literatur, und mehr noch: eine Signatur der literarischen Moderne, einer Zeit der gesellschaftlichen Umbrüche. Diese Konflikte finden sich auch bei Kafka, wenn auch stärker im früheren Werk bzw. im *Urteil* und der *Verwandlung.*

Und doch erklärt ein solcher Kontext Kafkas *Brief an den Vater* nicht erschöpfend. Denn sein Brief oszilliert zwischen Leben und Werk, er ist sowohl ein biographisches als auch ein literarisches Dokument, er ist authentisch, denn Kafka schreibt über seine ureigensten Erfahrungen mit seinem Vater, aber er ist auch hochliterarisch, denn Kafka gestaltet die Erlebnisse wie kleine dramatische Erzählungen.

Wenn sein Biograph Peter-André Alt Kafka als den »ewigen Sohn« bezeichnet, dann meint er damit weniger eine nicht erfolgte Ablösung vom Vater. Es geht in dem Brief zwar um die Auseinandersetzung mit dem Vater, aber auch um die Selbstdarstellung Kafkas als Autor, indem er sich am Vater schreibend abarbeitet. Es ist der Brief eines Sohnes, der ein Leben lang keinen Zugang zu seinem in der Familie und im Geschäft dominanten Vater gefunden hat (was auch umgekehrt gilt), aber es ist eben auch der Text eines literarischen Autors, der sich selbst stilisiert vor dem schwierigsten Leser, den er finden kann (nämlich dem Vater), und der subtile literarische Tricks anwendet (und dem Vater bleibt keine Chance). So beispielsweise schon im ersten Satz, wo Kafka eine Frage des Vaters, warum er, Kafka, Angst vor ihm, dem Vater, habe, aufgreift, aber die Antwort darauf verweigert und dies mit ebendieser Furcht – scheinbar – begründet:

> Liebster Vater,
> Du hast mich letzthin einmal gefragt, warum ich behaupte, ich hätte Furcht vor Dir. Ich wußte Dir, wie gewöhnlich, nichts zu antworten, zum Teil eben aus der Furcht, die ich vor Dir habe, zum Teil deshalb, weil zur Begründung dieser Furcht zu viele Einzelheiten gehören, als daß ich sie im Reden halbwegs zusammenhalten könnte. Und wenn ich hier versuche, Dir schriftlich zu antworten, so wird es doch nur sehr unvollständig sein, weil auch im Schreiben die Furcht und ihre Folgen mich Dir gegenüber behindern und weil die Größe des Stoffs über mein Gedächtnis und meinen Verstand weit hinausgeht.

Bemerkenswert auch, wie Kafka das Bild von Vater und Sohn schon körperlich verzerrt.

> Damals und damals überall hätte ich die Aufmunterung gebraucht. Ich war ja schon niedergedrückt durch Deine bloße Körperlichkeit. Ich erinnere mich zum Beispiel daran, wie wir uns öfters zusammen in einer Kabine auszogen. Ich mager, schwach, schmal, Du stark, groß, breit. Schon in der Kabine kam ich mir jämmerlich vor, und zwar nicht nur vor Dir, sondern vor der ganzen Welt, denn Du warst für mich das Maß aller Dinge. Traten wir dann aber aus der Kabine vor die Leute hinaus, ich an Deiner Hand, ein kleines Gerippe, unsicher, bloßfüßig auf den Planken, in Angst vor dem Wasser, unfähig Deine Schwimmbewegungen nachzumachen, die Du mir in guter Absicht, aber tatsächlich zu meiner tiefen Beschämung immerfort vormachtest, dann

war ich sehr verzweifelt und alle meine schlimmen Erfahrungen auf allen Gebieten stimmten in solchen Augenblicken großartig zusammen.

Schließlich ist dieser *Brief an den Vater* nicht zuletzt der Text eines kompetenten Juristen. Das hat Kafka gegenüber seiner Freundin Milena Jesenská selbst zugegeben, indem er auf die »advokatorischen Kniffe« aufmerksam macht und den Brief einen »Advokatenbrief« nennt.

Äußerer Anlass des Briefes war die Verlobung mit Julie Wohryzeck, die der Vater als nicht standesgemäß empfand und deswegen dem Sohn Vorwürfe machte. Heiraten, eine Familie gründen, gesellschaftlich aufsteigen: Das hatte sein Vater schon geleistet, und der Sohn sollte in seine Fußstapfen treten – und scheiterte (die frühere Verlobung mit Felice Bauer wurde auch gelöst). Wieder einmal konnte der Sohn dem Gesetz des Vaters nicht gerecht werden.

Und nun versucht der Sohn, im November 1919, schriftlich darzulegen, wie es dazu kommt, dass er dem Vater nie genügen kann. Schon die Eingangsfrage nach dem Grund von Kafkas Furcht vor dem Vater ist ein Trick. Denn was immer die Furcht auslöst, kann schon nicht mehr hinterfragt werden, weil man dazu die Furcht eigentlich überwunden haben müsste.

Dabei lässt Kafka seinen Vater vielfach selbst zu Wort kommen, doch hat die Figur des Vaters, die Kafka entwirft, ja nie eine Chance, gegen die Argumentation des Sohnes anzukommen. Überliest man dies, so mag Hermann Kafka als ein unglaublicher Tyrann erscheinen, der die Familie und seine Angestellten drangsalierte. Achtet man aber auf Kafkas literari-

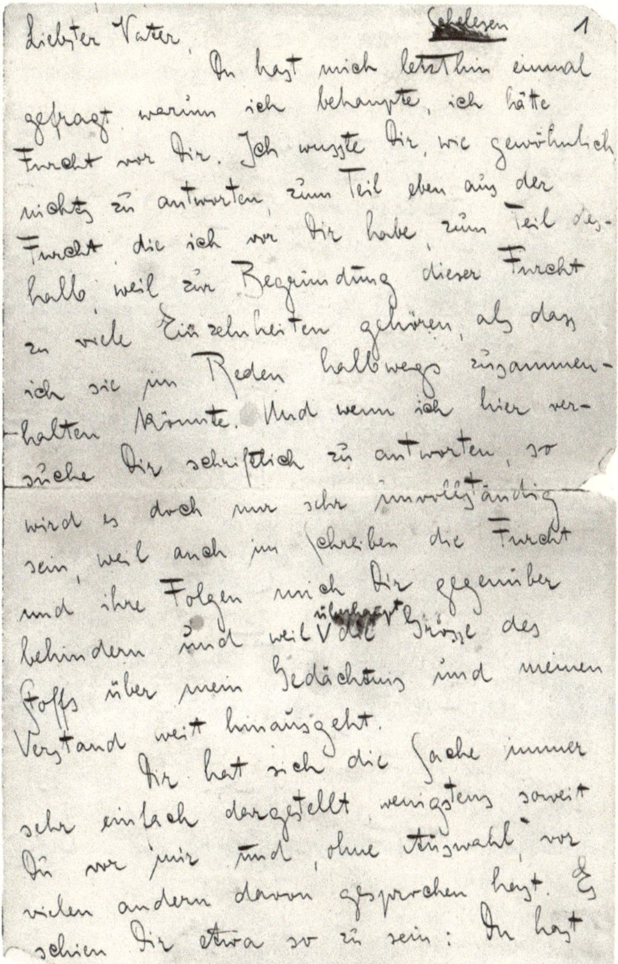

Schelesen 1

Liebster Vater,

Du hast mich letzthin einmal gefragt, warum ich behaupte, ich hätte Furcht vor Dir. Ich wusste Dir, wie gewöhnlich, nichts zu antworten, zum Teil eben aus der Furcht, die ich vor Dir habe, zum Teil deshalb, weil zur Begründung dieser Furcht zu viele Einzelheiten gehören, als dass ich sie im Reden halbwegs zusammenhalten könnte. Und wenn ich hier versuche, Dir schriftlich zu antworten, so wird es doch nur sehr unvollständig sein, weil auch im Schreiben die Furcht und ihre Folgen mich Dir gegenüber behindern und weil überhaupt die Grösse des Stoffs über mein Gedächtnis und meinen Verstand weit hinausgeht.

Dir hat sich die Sache immer sehr einfach dargestellt, wenigstens soweit Du vor mir und, ohne Auswahl, vor vielen andern davon gesprochen hast. Es schien Dir etwa so zu sein: Du hast

Brief an den Vater

sche und juristische Strategie, kann man dieses Bild zurechtrücken. Sicherlich war Hermann Kafka dominant und vielfach auch unsensibel und ungerecht. Kafka aber braucht seinen Vater, zumindest in diesem Brief. Denn indem er sich am Vater abarbeitet, entwirft er sich selbst als Autor. Wo immer er dem Vater nicht genügt, erscheint auf der anderen Seite sein Schreiben als sein eigentliches, vom Vater vollständig abgelöstes Lebensprojekt. Der Vater gibt das notwendige Gegenmodell ab.

Viel Platz nimmt im Brief Kafkas die Auseinandersetzung mit dem Judentum des Vaters ein.

Eine gewisse nachträgliche Bestätigung dieser Auffassung von Deinem Judentum bekam ich auch durch Dein Verhalten in den letzten Jahren, als es Dir schien, daß ich mich mit jüdischen Dingen mehr beschäftige. Da Du von vornherein gegen jede meiner Beschäftigungen und besonders gegen die Art meiner Interessennahme eine Abneigung hast, so hattest Du sie auch hier. Aber darüber hinaus hätte man doch erwarten können, daß Du hier eine kleine Ausnahme machst. Es war doch Judentum von Deinem Judentum, das sich hier regte, und damit also auch die Möglichkeit der Anknüpfung neuer Beziehungen zwischen uns. Ich leugne nicht, daß mir diese Dinge, wenn Du für sie Interesse gezeigt hättest, gerade dadurch hätten verdächtig werden können. Es fällt mir ja nicht ein, behaupten zu wollen, daß ich in dieser Hinsicht irgendwie besser bin als Du. Aber zu der Probe darauf kam es gar nicht. Durch meine Vermittlung wurde Dir das Judentum abscheulich, jüdische Schriften unlesbar, sie »ekelten Dich an«. Das konnte be-

> deuten, daß Du darauf bestandest, nur gerade das Judentum, wie Du es mir in meiner Kinderzeit gezeigt hattest, sei das einzig Richtige, darüber hinaus gebe es nichts. Aber daß Du darauf bestehen solltest, war doch kaum denkbar. [...] Richtiger trafst Du mit Deiner Abneigung mein Schreiben und was, Dir unbekannt, damit zusammenhing. Hier war ich tatsächlich ein Stück selbständig von Dir weggekommen, wenn es auch ein wenig an den Wurm erinnerte, der, hinten von einem Fuß niedergetreten, sich mit dem Vorderteil losreißt und zur Seite schleppt.

Hermann Kafka war ebenso wie sein Sohn ein assimilierter Jude, ganz und gar verbürgerlicht, für den der jüdische Glaube als solcher wenig Bedeutung hatte und auf eine rein gesellschaftliche Verpflichtung reduziert war. Das macht Kafka seinem Vater zum Vorwurf, weil er meint, dass gerade ihr Judentum ihnen beiden, Vater und Sohn, eine Chance hätte geben können, um sich zu finden und einander zu begegnen.

So wie Kafka den Vater brauchte, brauchte er auch Felice Bauer. Das ist kein Wunder, denn beide Personen gehören einer bürgerlichen Sphäre an, die dem Schreiben Kafkas entgegengesetzt war. Sowohl der Vater als auch Felice stellten eine Bedrohung für sein Schreiben dar. Den Vater konnte sich Kafka nicht aussuchen, aber die Verlobte schon. Hier mussten aber ganz andere Voraussetzungen gegeben sein, denn Kafka ging mit ihr eine Liebesbeziehung ein. Eine Liebesbeziehung? Eine Liebe auf den ersten Blick war es jedenfalls nicht. Kafka hielt genau diesen seinen ersten Blick im Tagebuch fest, ein Blick, der nicht sehr schmeichelhaft ausfällt:

Frl. Felice Bauer. Als ich am 13. VIII zu [Max] Brod kam, saß sie bei Tisch und kam mir doch wie ein Dienstmädchen vor. Ich war auch gar nicht neugierig darauf, wer sie war, sondern fand mich sofort mit ihr ab. Knochiges leeres Gesicht, das seine Leere offen trug. Freier Hals. Überworfene Bluse. Sah ganz häuslich angezogen aus, trotzdem sie es, wie sich später zeigte, gar nicht war.

Tagebuch vom 20. August 1912

Kafka kam an diesem 13. August 1912 zu seinem Freund Max Brod, um mit ihm Fragen der Veröffentlichung von seinem, Kafkas, erstem Buch *Betrachtung* zu besprechen. Dumm nur, dass die Brods gerade an diesem Abend Besuch hatten: Felice Bauer, eine Bekannte aus Berlin, war gekommen. Diese Ablenkung von der Literatur sollte immer über dieser Beziehung schweben. Und so beginnt an diesem Abend eine der eigentümlichsten Liebesgeschichten der deutschen Literatur und einer der faszinierendsten Briefwechsel zwischen zwei Menschen überhaupt (der Herausgeber, Erich Heller, nennt Kafkas Briefe »Gesänge eines unbekannten Minnesängers aus der ersten Hälfte des zwanzigsten Jahrhunderts«).

Die Beziehung, die Kafka und Felice Bauer miteinander eingehen, besteht hauptsächlich aus diesem Briefwechsel. (Wir kennen diese Briefe, weil Felice Bauer ihre Briefe von Kafka 1955 aus Geldnot verkaufen musste.) Persönlich begegneten sie sich relativ selten – und daran war nicht allein die Entfernung zwischen Prag und Berlin schuld, sondern in erster Linie Kafka selbst.

Eineinhalb Monate nach der ersten Begegnung schreibt Kafka seinen ersten Brief – und begibt sich damit in unauflösbare Spannungen. Auf der einen Seite beginnt eine Beziehung, die zu einer erotischen Annäherung und dann auch zu Verlobung, Heirat und Familiengründung führen soll. Genau davor schreckt er aber zurück, denn ein solches Lebensmodell ist mit seiner Vorstellung vom Schreiben nicht vereinbar. Auf der anderen Seite bietet ihm aber gerade diese Verbindung die Möglichkeit, viel zu schreiben und sich selbst als Autor – im Medium des Liebesbriefes – zu entwerfen und eher mit sich selbst, weniger mit Felice zu verständigen. Kafka braucht und – wie es manchmal anmutet – missbraucht Felice Bauer als Adressatin seines Schreibprojekts. Sie sieht in Kafka den zukünftigen Ehemann, er sieht in ihr zugleich die Gefahr *und* die Adressatin für sein Schreibprojekt (Kafka war ein Womanizer – auf dem Gebiet des Liebesbriefes!).

Leidtun muss einem Felice, weil sie diese Doppelbödigkeit nicht durchschauen wollte oder konnte. Und alles wird noch schlimmer, weil Kafka, auch durch den Erwartungsdruck, den Felice Bauer und beide Familien aufbauen, scheinbar den Konventionen folgt. Doch ist er nicht willens oder nicht in der Lage, die letzte Konsequenz zu ziehen und zu heiraten und eine Familie zu gründen.

Mitte Juni 1913 macht er ihr einen Heiratsantrag: »Willst Du […] überlegen, ob Du meine Frau werden willst? Willst Du das?« Schon die doppelte Nachfrage wirkt seltsam. Und Kafka stellt sich die Frage zuallererst selbst. Immerhin notiert er im Tagebuch vom 21. Juli 1913 eine Aufstellung der Argumente für und wider eine Heirat: bürgerliche Solidität gegen Alleinsein, Literatur, Schreiben. Die Gegenargumente überwiegen – keine guten Vorzeichen.

Am 1. Juli 1914 verlobt er sich ein erstes Mal mit Felice Bauer; die Verlobung wird schon zwölf Tage später wieder gelöst.

1916 nähern sich die beiden wieder stärker an und verloben sich ein zweites Mal. Diese zweite Verlobung löst Kafka aus anderen Gründen, allerdings erst am 25. Dezember 1917, weil seine Lungenkrankheit in der Nacht vom 12. auf den 13. August des Jahres offen ausgebrochen ist.

Das geht so weit, dass Kafka sich seiner Verlobten als Verlobter auszureden versucht. Das ist schon fast heimtückisch: Er warnt Felice, nur um sich selbst von ihr zu befreien oder um sie auf Distanz zu halten. Er schildert sich im Vorhinein als einen schlechten Verlobten, weil er nicht bereit sei, den entsprechenden Verpflichtungen nachzukommen. Er ködert sie mit Liebe, aber die Beziehung gesellschaftlich legitimieren will er nicht. Im Niemandsland zwischen Heirat und Beziehungslosigkeit sucht und braucht er die Brieffreundin und hält Felice, die ihn eigentlich tatsächlich heiraten will, über Gebühr hin. Wie schon beim Vater verwandelt Kafka auch bei Felice sein Leben in den Brief, der sich in Literatur verwandelt. Als Kafka sich endgültig erklären soll, kommt es zum Eklat bei einem letzten Gespräch im Hotel Askanischer Hof in Berlin am 12. Juli 1914.

Am 23. Juli 1914 notiert Kafka in seinem Tagebuch: »Gerichtshof im Hotel«: Aus der Verlobung wird nichts. Doch wird dafür eine – kafka-like juristische – Zentralmetapher für das nächste Romanprojekt geboren: *Der Process*. Entsprechend hat der Nobelpreisträger für Literatur Elias Canetti den Briefverkehr mit Felice Bauer hellsichtig als den »anderen Prozeß« bezeichnet.

Kafka hat den für ihn unauflöslichen Konflikt zwischen Schreiben und Beziehung, zwischen Literatur und Ehe in den Briefen selbst thematisiert – und das in einer wirklich abenteuerlichen Weise. An die Stelle der bürgerlichen Verpflichtung zur Familiengründung tritt bei Kafka die Idee einer männlichen Geburt von Texten: Sexualität wird gegen das Schreiben ausgespielt. So notiert Kafka am 5. November 1911 in seinem Tagebuch, es sei die Befriedigung der Liebe »nur durch Litteratur oder durch den Beischlaf möglich«.

Kafka versucht gleichzeitig, die Beziehung zur Frau zu entsexualisieren. Im Tagebuch schreibt er: »Der Coitus als Bestrafung des Glückes des Beisammenseins. Möglichst asketisch leben, asketischer als ein Junggeselle, das ist die einzige Möglichkeit für mich, die Ehe zu ertragen. Aber sie?« Während er Felice die Ehe mit ihm als ein »klösterliches Leben an der Seite einen [sic!] verdrossenen, traurigen, schweigsamen, unzufriedenen, kränklichen Menschen« in Aussicht stellt. Gleichzeitig bringt er die Geliebte und seine Texte immer wieder in ein Konkurrenzverhältnis: »Liebste! Was ist das doch für eine ausnehmend ekelhafte Geschichte, die ich jetzt wieder beiseitelege, um mich in den Gedanken an Dich zu erholen.« Mit wem oder bei wem verbringt Kafka also seine Zeit: bei seiner Geliebten (wenn auch nur brieflich) oder bei seiner Geschichte? Geschrieben wird so oder so. Und so werden seine Kinder nicht beim Sex mit der Frau, sondern im Schreiben gezeugt:

> Liebste, es ist ½ 4 nachts, ich habe mich zu lange und doch zu kurz bei meinem Roman aufgehalten und habe überdies fast Bedenken, jetzt zu Dir zurückzukehren, denn ich habe förmlich die Finger noch schmutzig von einer widerlichen, mit besonderer (für die Gestaltung leider übergroßen) Natürlichkeit aus mir fließenden Szene.
>
> Brief an Felice Bauer vom 16. Dezember 1912

Kafka spricht es aber auch ganz deutlich aus, was ihm das Schreiben bedeutet, es sei für ihn »in einer für jeden Menschen um mich grausamsten [...] Weise das Wichtigste auf Erden, [...] wie einer Frau ihre Schwangerschaft«. Vor diesem Hintergrund ist es dann nur ein kleiner Schritt, das Schreiben selbst als männliches Gebären zu sehen und in diesem Schreiben das Ideal einer Schreibsituation zu erblicken: »sich öffnen bis zum Übermaß; die äußerste Offenherzigkeit und Hingabe, in der sich ein Mensch im menschlichen Verkehr schon zu verlieren glaubt«. Ähnlich, wie er es mit Blick auf das Urteil deutlich ausspricht: »denn die Geschichte ist wie eine regelrechte Geburt mit Schmutz und Schleim bedeckt aus mir herausgekommen und nur ich habe die Hand, die bis zum Körper dringen kann und Lust dazu hat«. Das Sexuelle, Körperliche, Kreatürliche spielt sich in der Schrift ab: Briefverkehr statt bzw. als Geschlechtsverkehr.

Vor diesem Hintergrund ist es wenig erstaunlich, dass Kafka nie verheiratet war. Zwei gescheiterte Verlobungen mit Felice Bauer und eine mit Julie Wohryzek. Die Chance war vertan. Am Ende seines Lebens lebte Kafka mit seiner letzten Gefährtin, Dora Diamant, in Berlin für kurze Zeit in einer eheähnlichen Gemeinschaft. Dieses halbe Jahr (1923 bis 1924) wurde bereits deutlich von seiner Krankheit überschattet.

Ähnlich umfangreich wie der Briefverkehr mit Felice Bauer ist der mit Milena Jesenská. Eine echte, dauerhafte Beziehung mit ihr kam nicht zustande, weil Kafka zögerte und weil die verheiratete Milena sich nicht von ihrem Mann trennen wollte. Und sie war eine Intellektuelle, sie war Übersetzerin und Journalistin. Insofern hatte der Briefwechsel ganz andere Voraussetzungen und andere Themen. Kafka konnte freier und intimer und tiefgreifender über sich schreiben, etwa auch über das

Milena Jesenská (1896-1944): Autorin, Journalistin, Übersetzerin und Kafkas Briefpartnerin 1920/21

Judentum. Bei Kafka und Felice hätte es sich um eine Ehe zwischen zwei jüdischen Menschen aus zwei jüdischen Familien gehandelt. Ihr Judentum war für sie also selbstverständlich und wurde nie eigens thematisiert. Anders in den Briefen an Milena, die selbst keine Jüdin war. Milena hat ihn sogar direkt gefragt, und natürlich greift Kafka diese Frage in einem Brief

Weg vom Judentum, meist mit unklarer Zustimmung der Väter (diese Unklarheit war das Empörende) wollten die meisten, die deutsch zu schreiben anfiengen, sie wollten es, aber mit den Hinterbeinchen klebten sie noch am Judentum des Vaters und mit den Vorderbeinchen fanden sie keinen neuen Boden. Die Verzweiflung darüber war ihre Inspiration.

Franz Kafka: Brief an Max Brod vom Juni 1921

auf: »Sie fragen mich ob ich Jude bin, vielleicht ist das ein Scherz.«

Als Scherz konnte Kafka diese Frage aber eigentlich gar nicht verstehen. Nicht *ob*, sondern *wie* er Jude ist und sich als Jude versteht, sollte zu einer Leitfrage seines (späteren) Lebens werden – eine komplexe Angelegenheit.

Schon 1914 schreibt er in sein Tagebuch: »Was habe ich mit den Juden gemeinsam?« Das klingt, als wolle er mit Fragen nach dem Judentum nichts zu tun haben. Doch sollte man den unmittelbar folgenden Satz nicht außen vor lassen: »Ich habe kaum etwas mit mir gemeinsam […].« Man kann das also auch so verstehen: Das, was Kafka mit den Juden gemeinsam hat, stiftet überhaupt erst auch seine eigene Identität. Die jüdische Assimilation erlebt Kafka als möglichen Identitätsverlust.

Über die deutsche Sprache werden die Juden zudem von der tschechischen Mehrheitsgesellschaft als Deutsche, von den Deutschen aber als Juden angesehen. Dass nun die deutsche Sprache diese spannungsreiche Situation noch verschärft, erfahren vor allem auf Deutsch schreibende, junge, jüdische Autoren wie Kafka. Auch dafür hat Kafka einen untrüglichen Blick. In dem erwähnten Brief an Brod vom Juni 1921 fragt er:

»Warum lockt es die Juden so unwiderstehlich dorthin?« – nämlich zur deutschen Literatur. Dies könnte man auch als Selbstbeschreibung Kafkas lesen. Später haben die französischen Philosophen Gilles Deleuze und Felix Guattari genau darin das Spezifikum einer bestimmten Form von Literatur gesehen. Eine solche »kleine oder mindere Literatur ist nicht die Literatur einer kleinen Sprache, sondern die einer Minderheit, die sich einer großen Sprache bedient«. Kafka ist ihr herausragendes Beispiel, und tatsächlich lässt sich das an Kafka sogar bis in seinen Stil hinein nachverfolgen: Er schreibt ein exzellentes Deutsch, aber eines, das seine Herkunft im Prager und ebenso im deutschsprachigen jüdischen Milieu nicht verbergen will.

Und ist es Ihnen aufgefallen? Den antisemitischen Topos vom Juden als Ungeziefer greift Kafka produktiv auf, indem er das Schicksal eines jungen, jüdischen Mannes schildert, dessen Emanzipation vom Vater und dessen Assimilation an die deutsche Kultur gleichermaßen gescheitert ist. Am Tier wird sinnfällig, dass Emanzipation durch Assimilation aus dem Grunde scheitern muss, weil sie zu keiner neuen Identität,

> Willst Du mir übrigens auch nicht sagen, was ich eigentlich bin? In der letzten Neuen Rundschau wird die ›Verwandlung‹ erwähnt, und dann heißt es etwa: ›K's Erzählkunst besitzt etwas Urdeutsches‹. In Maxens Aufsatz dagegen: ›K's Erzählungen gehören zu den jüdischsten Dokumenten unserer Zeit.‹ Ein schwerer Fall! Bin ich ein Circusreiter auf zwei Pferden? Leider bin ich kein Reiter, sondern liege am Boden.
>
> Franz Kafka: Brief an Felice Bauer vom 7. Oktober 1916

sondern nur zu neuem Identitätsverlust führen kann oder sogar muss.

Hier zeigt sich ein wichtiger Schlüssel zu den vielen Tier-Geschichten in Kafkas Werk: Kafkas Tiere leben in der menschlichen Welt und müssen sich mit den Menschen auseinandersetzen. Sie wollen sich in die menschliche Gemeinschaft integrieren, bekommen aber nie die Chance, selbst als menschlich von Menschen anerkannt zu werden.

Schon im Oktober 1917 hatte Kafka an Brod geschrieben:

> Mir geht es recht gut zwischen allen den Tieren. Heute nachmittag habe ich Ziegen gefüttert. [...] Diese Ziegen also – sind äußerlich vollkommen jüdische Typen, meistens Ärzte, doch gibt es auch Annäherungen an Advokaten, polnische Juden und vereinzelt auch jüdische Mädchen.

Kafka bedient hier keine antisemitischen Stereotype, sondern er setzt sich mit dem Judentum auch und gerade im Lichte des Antisemitismus auseinander (man darf solche Äußerungen natürlich nicht im Erfahrungshorizont des Holocaust lesen, den Kafka noch nicht kennen konnte).

Was ist Kafka nun: ein deutscher, österreichischer oder jüdischer Autor? Er selbst hat sich amüsiert gezeigt über widersprüchliche Zuordnungen seines Werkes, indem er beispielsweise Rezensionen miteinander vergleicht.

Ein österreichischer Autor war Kafka vielleicht insofern, als er den größten Teil seines Lebens (bis 1918) im Staatsgebilde der österreichisch-ungarischen Monarchie lebte – und die war stark von dem einen Kernland Österreich geprägt. Doch wie viel ist damit schon ausgesagt? War er ein jüdischer Autor? Jedenfalls nicht im Blick auf seine sprachliche Grundlage. Jiddisch hat Kafka nie geschrieben, Hebräisch begann er erst spät zu lernen, hat aber nie daran gedacht, in dieser Sprache literarisch zu schreiben.

War er ein jüdischer Autor? Zwar hat er sich intensiv mit (seinem) Judentum auseinandergesetzt, doch vor allem in Briefen und im Tagebuch, aber bemerkenswerterweise so gut wie gar nicht in seinem literarischen Werk – mit einer Ausnahme, der Geschichte *In unserer Synagoge* (auch hier stammt der Titel nicht von Kafka selbst): Vordergründig geht es darin nicht um das Judentum, sondern um ein geheimnisvolles Tier, das in der Synagoge wohnt. Doch auch hier wird das Thema in ein Tierschicksal gekleidet, geht es doch um die Frage nach der Zugehörigkeit oder Nicht-Zugehörigkeit zur Gemeinde.

Man kann durchaus festhalten, dass die Auseinandersetzung mit dem Judentum zumindest implizit strukturbildend in diesem Werk ist. Saul Friedländer macht deutlich, dass dieses Werk durch und durch geprägt war von der »klassisch-jüdische[n] Triade von Offenbarung, Gesetz und Kommentar«. Dazu gehörten insbesondere der gleichnishafte Charakter seines Werkes und gleichzeitig die spezifische Ausprägung des Gleichnisses. Wo in der jüdischen Tradition das Gleichnis die Lehre kommentiert, verhindert Kafka den Rückbezug des Gleichnisses auf die Lehre.

Der Text *Vor dem Gesetz* (*Türhüterlegende*) ist wie gesagt auch Teil des *Process*-Romans. Sie wird Josef K., der sich verzweifelt über den *Prozess*, dem er unterworfen worden ist, klar zu werden versucht, vom Geistlichen im Dom erzählt. K. versucht das Gleichnis als solches zu verstehen, verrennt sich aber sofort. Das Gleichnis ist für ihn nicht zu deuten. Der Geistliche erklärt K. das Gleichnis nicht, macht aber darauf aufmerksam, dass K.s Versuche, das Gleichnis auf seine Situation zu beziehen, ergebnislos bleiben müssen und dass dies der eigentliche Sinn des Gleichnisses ist. Eigentlich brauchen Kafkas Helden also Hilfe durch Boten und Gehilfen, wie sie in der (jüdischen) Tradition vorgegeben sind. Doch helfen diese bei Kafka nicht mehr, überbringen keine erlösende Botschaft. Das Gleichnis der Türhüterlegende bezieht sich nur noch auf sich selbst und wird dadurch paradox. Parabel und Paradox gehören aber, wie es der Kafka-Forscher Heinz Politzer gezeigt hat, zusammen.

Begegnen uns solche Szenen auch in den anderen Romanen? Der *Amerika*-Roman (so hat Max Brod den Text genannt, heute nennt man ihn eher: *Der Verschollene*) ist ein literarisches Roadmovie durch Amerika. Am Ende gelangt sein Held, der junge Karl Roßmann, zu einem verheißungsvollen Ort, zum Naturtheater von Oklahama. Aber ist das nicht eine Fehlschreibung? Fehlt nicht ein »o« (wie in »Oklahoma«)? Und falls das ein bewusst begangener Fehler war: Woher kommt die Fehlschreibung?

Kafka wollte »das allermodernste New York« darstellen und hat daher u. a. auf ein Buch von Arthur Holitscher über Amerika zurückgegriffen. In dem Buch findet sich ein grausames, menschenverachtendes Foto eines an einem Baum erhängten Schwarzen, einem Opfer von Lynchjustiz, mit der zynischen Bildunterschrift: »Idyll aus Oklahama« – also mit derselben Fehlschreibung.

Kafkas New York ist modern – und doch ebenso fehlerhaft. Im ersten Satz von *Der Verschollene* ist von der Freiheitsstatue die Rede, die bei Kafka »Freiheitsgöttin« heißt. Doch statt einer Fackel trägt sie ein Schwert, statt des Aufklärungssymbols also ein Symbol von (richterlicher) Gewalt. Und auch das Naturtheater ist eigenartig. Von Theater ist wenig zu spüren, viel eher von einer gewaltigen Bürokratie, die immerhin jedem, der kommt, Arbeit verspricht. Als Karl Roßmann bei der Aufnahmeprozedur nach dem Namen gefragt wird, nennt er sich »Negro«.

Was für seltsame Teile eines Puzzles: Karls Schicksal wird in dem des ermordeten Farbigen abgebildet. Der verheißene Ort changiert zwischen Gericht und Gnade. Der Kafka-Forscher Mark Gelber hat darauf aufmerksam gemacht, dass man damit wieder im Zentrum von Kafkas Auseinandersetzung mit dem Judentum angelangt ist, gerade weil die Fehlschreibung Oklahama auch das Wort Palästina anklingen lässt.

Kafka ist ein jüdischer Autor, der ganz wesentlich auf Denkmuster der jüdischen Tradition zurückgreift, aber er ist ebenso ein produktiver Autor, der die Traditionsbestände verändert, um jüdische Menschen in ihrer vergeblichen oder gescheiterten Assimilation zu zeigen, dies aber als Menschen der Moderne.

## Kafkas Welt: Beschreibung eines Kampfes um Anerkennung

Wie sieht die Welt aus, die Kafkas Texte schildern? Welche übergreifenden Strukturen in Raum und Zeit begegnen uns? Welche Figurentypen treten auf? Welche Situationen sind typisch? Worauf muss man sich gefasst machen? Im Folgenden sollen nicht einzelne Texte, sondern wiederkehrende Elemente von Text zu Text im Mittelpunkt stehen.

Schon ein Blick auf die beiden ersten erhaltenen Erzählungen Kafkas, *Beschreibung eines Kampfes* und die kurz danach geschriebene Erzählung *Hochzeitsvorbereitungen auf dem Lande*, geben einen wichtigen Aufschluss: Beide Texte sind Fragment geblieben, beide haben unterschiedliche Fassungen. Der Titel des ersten Textes stammt von Kafka, der Titel des zweiten von Brod.

Die erste Erzählung ist eine Ich-Erzählung, die zweite wird aus der Er-Perspektive erzählt. Im ersten Fall kommt es zu einem eigenartigen Gespräch zwischen dem Ich-Erzähler und einem Bekannten, in dem dieser von seinem Mädchen erzählt, was den Erzähler sehr irritiert. Beide verlassen eine Abendgesellschaft und gehen auf den Laurenziberg bei Prag. Und plötzlich bewegt sich die Geschichte in einem imaginären Raum, in dem ein dicker Mann auftritt, ein Beter, ein Mädchen, die miteinander sprechen.

In der zweiten Geschichte fährt ein Mann namens Raban von Prag aus auf das Land, um an einer Gesellschaft teilzunehmen, in der seine Braut und weitere Freunde anwesend sein werden. Doch Raban will eigentlich nicht heiraten und will auch nicht ankommen Und er phantasiert, er würde sich in einen Hirschkäfer verwandeln, wenn er nicht rechtzeitig aus dem Bett kommt, um die Reise anzutreten.

In beiden Fällen wird eine Stadt verlassen. Prag lässt sich leicht erkennen, und das Prager Lokalkolorit spielt eine große Rolle. Andere von Kafkas Geschichten spielen an entfernten, fremden Orten, in Amerika (USA), in Russland, in China, auf einer fernen kolonialen Strafinsel irgendwo in den Tropen, doch sind diese Orte irgendwie nicht zu fassen.

Kafka hatte ein ambivalentes Verhältnis zu Prag. Er wollte von der Stadt loskommen, aber, wie er schreibt, »Prag lässt nicht los … Dieses Mütterchen hat Krallen.«

Der Prozess von Josef K. im *Process*-Roman könnte in Prag spielen, obschon die Stadt mit keinem Wort erwähnt wird. Aber es gibt die großen städtischen Gebäude wie die Bank, in der der Held arbeitet, oder den Dom oder die Mietskasernen. In der Geschichte wird ein entsprechend realistisches Setting aber gar nicht genutzt. Als Josef K. zum Verhör ins Gericht bestellt wird, stellt er fest, dass dieses Gericht sich nicht im Zentrum der Stadt befindet, sondern am Stadtrand. »Hier auf dem Dachboden dieses Miethauses waren also die Gerichtskanzleien«, so wundert er sich.

Ein geheimes Gericht? Eher ein unbekanntes Gericht, von

dem man erst erfährt, wenn man angeklagt wird – so wie Josef K. Und das sagt einiges über die Welt aus, die Kafka entwirft. Es ist keine realistische Welt, es ist aber auch keine phantastische. Tatsächlich sind diese Welten imaginäre Vorstellungswelten. In ihnen geht es nicht darum, den Erfahrungsraum der Helden mit einer echten Örtlichkeit in Verbindung zu bringen.

Doch bilden oft Stadt und Land wie in den beiden frühen Erzählungen einen spannungsreichen Gegensatz, das Land ist etwas ganz anderes als die Stadt, hier herrschen andere Regeln.

Der Begriff Land taucht häufig und auch in den Titeln von Kafkas Erzählungen auf. Der Mann vom Lande aus der *Türhüterlegende* wurde bereits erwähnt: Beim Mann vom Lande kann man den Gegensatz von Stadt und Land religiös deuten. Doch dreht Kafka diese Bewertung auch um, der Gegensatz allerdings bleibt bestehen. In seinem *Brief an den Vater* beschreibt er die jüdische Assimilation als Bewegung vom Land in die Stadt; er spricht von einer »jüdischen Übergangsgeneration, welche vom verhältnismäßig noch frommen Land in die Städte abwanderte«.

Ob man die Stadt mit dem assimilierten Westjudentum und das Land mit dem traditionelleren Ostjudentum gleichsetzen kann, mag dahingestellt bleiben. Wichtig ist jedoch, dass der Gegensatz von Stadt und Land nicht nur eine Bewegungsrichtung für Kafkas Helden vorgibt, sondern auch eine spezifische Situation schafft. Ihre neue Umgebung wird ihnen unvertraut, sie verlieren jeden sozialen Halt, sie sind extrem gefährdet – und das alles zwingt sie, zu kämpfen. Was dann folgt, ist eine *Beschreibung eines Kampfes*, wie es schon der Titel der frühen Erzählung programmatisch ausdrückt.

Schaut man auf die Struktur der *Türhüterlegende*, in der das Land durch den Mann vom Lande explizit vertreten ist, so wäre das Gesetz mit seiner komplexen Architektur die Stadt. Interessanterweise wiederholt sich diese Struktur in seinem letzten großen Werk, in seinem dritten Roman *Das Schloß* aus dem Jahr 1922. Auch hier kommt ein Mann, K., »spät abend« in ein Dorf, über dem ein Schloss zu thronen scheint. Der gesamte Roman ist eine Beschreibung eines Kampfes dieses Mannes um »Anerkennung«: Er will im Dorf aufgenommen werden, um von dort aus ins Schloss zu gelangen.

Auch K. ist ein Mann vom Lande, er kommt über die »Landstraße« zum Schloss. Woher er genau kommt, wird nur ganz vage angedeutet. Doch innerhalb der Welt des Romans begegnet eine ähnliche Grundstruktur wie in der *Türhüterlegende*. Der Mann will vom (ländlichen) Dorf ins Schloss gelangen. Das Schloss müsste demnach für die Stadt stehen – und tatsächlich findet sich auch ein solcher Hinweis auf das städtische Element und den Kampf, den K. auszufechten hat, um dort anzukommen. »[H]ätte man nicht gewußt daß es ein Schloß ist, hätte man es für ein Städtchen halten können«, so resümiert der Erzähler aus der Perspektive K.s. Dabei fühlt sich K., auch wegen des Turms, den das Schloss besitzt, an sein »Heimatstädtchen« erinnert.

K. behauptet zudem, *Land*vermesser zu sein, ohne dass man je erfährt, ob er das auch tatsächlich ist. Nachdem die Schlossbehörde ihn telefonisch als Landvermesser akzeptiert bzw. ihn sogar indirekt zum Landvermesser ernannt hat, wird ihm klar, »daß man im Schloß alles Nötige über ihn wußte, die Kräfteverhältnisse abgewogen hatte und den Kampf lächelnd aufnahm«. Daraufhin ist auch K. bereit zu kämpfen: »Die Gewalt der entmutigenden Umgebung, der Gewöhnung an Enttäuschungen, die Gewalt der unmerklichen Einflüsse jedes Augenblicks, die fürchtete er allerdings, aber mit dieser Gefahr mußte er den Kampf wagen.«

Es war spät abend als K. ankam. Das Dorf lag in tiefem Schnee. Vom Schloßberg war nichts zu sehn, Nebel und Finsternis umgaben ihn, auch nicht der schwächste Lichtschein deutete das große Schloß an. Lange stand K. auf der Holzbrücke die von der Landstraße zum Dorf führt und blickte in die scheinbare Leere empor.

Schon in den ersten Sätzen des Romans werden Tageszeit und Jahreszeit genannt, und Leser und Leserinnen werden in die Räumlichkeiten bzw. in die Topographie dieser Welt eingeführt. Das Dorf liegt unten, das Schloss oben, doch die Lichtverhältnisse erlauben es nicht, wesentlich mehr zu erkennen.

Es ist jedenfalls keine gute Zeit (weder die Tages- noch die Jahreszeit), um anzukommen. Wie wird hier überhaupt Zeit beschrieben? Zum Beginn des *Schloß*-Romans ist die Nacht angebrochen, und es ist Winter. In dieser *Schloß*-Welt ist immer Winter; selbst an den wenigen Sommertagen schneit es. In der Nacht gelten andere Regeln, ergeben sich andere Möglichkeiten, nicht nur erotische und sexuelle. Nachts finden die sogenannten »Nachtverhöre« der Dorfbewohner und auch K.s durch die Beamten statt, nachts hofft daher K. auch, zu den Beamten des Schlosses vorzudringen, aber lange vergeblich, denn in der Nacht erschlaffen auch die Anstrengungen des Helden, in der Nacht siegt letztlich nur die Müdigkeit.

Entweder scheitern Kafkas Helden bei ihren Kämpfen an

den Strukturen, den Bürokratien und der Macht, oder aber sie scheitern an sich selbst, weil sie die Energie für den Kampf nicht mehr aufbringen können, weil sie zu müde sind, weil ihre körperliche Kraft sie verlässt.

Die zweite Zeitangabe vom Romananfang betrifft die Jahreszeit. Es ist Winter, als K. im Dorf eintrifft. In den meisten von Kafkas Geschichten erfahren wir nichts über die gerade herrschende Jahreszeit, wenn aber doch, spielt sie eine nicht unwesentliche Rolle. Die Kälte ist eine meteorologische Metapher für eine kalte, empathielose Gesellschaft und ihre Lebensfeindlichkeit bzw. die existenzielle Bedrohung und Schutzlosigkeit des Menschen, die – das kommt hinzu – vor allem auf dem Land spürbar wird.

Ein anderes Beispiel: Schon im ersten Satz der Erzählung *Der Landarzt* ist vom »Schneegestöber« die Rede. Der Landarzt muss in einer Winternacht hinausreiten, um einen Kranken »in einem zehn Meilen entfernten Dorfe« aufzusuchen, wenn sowohl die Licht-, als auch die Witterungsverhältnisse einer solchen »Reise« ganz entgegenstehen. Am Ende der Erzählung wird diese Situation noch einmal aufgerufen, aber ins Allgemeine gehoben; der Landarzt erfährt sich als »nackt, dem Froste dieses unglückseligsten Zeitalters ausgesetzt«. Nackt in Nacht und Kälte – das ist die conditio humana.

Eine vergleichbare Bedeutung hat das andere Extrem: die Hitze. In Kafkas *Amerika*-Roman, nicht verwunderlich, kommen beide Extreme vor.

Und dass es in den Tropen in der *Strafkolonie* (so der Titel einer weiteren Erzählung) heiß ist, zu heiß für die militärisch korrekte Kleidung, muss einen dann gar nicht mehr verwundern: »›Diese Uniformen sind doch für die Tropen zu schwer‹, sagte der Reisende« mit Blick auf den Offizier.

Aber man muss nicht in die Tropen reisen, um ins Schwitzen zu kommen. Auch Josef K., ebenso wie seine Henker, schwitzen im *Process*-Roman.

Heiß ist es auch in einer von Kafkas bösesten Geschichten. Man kennt sie unter dem von Brod erfundenen Titel *Der Schlag ans Hoftor*. Heutzutage wird sie nach der Eingangsformulierung mit *Es war im Sommer* betitelt.

**Der Schlag ans Hoftor**

Es war im Sommer, ein heißer Tag. Ich kam auf dem Nachhauseweg mit meiner Schwester an einem Hoftor vorüber. Ich weiß nicht, schlug sie aus Mutwillen ans Tor oder aus Zerstreutheit oder drohte sie nur mit der Faust und schlug gar nicht. Hundert Schritte weiter an der nach links sich wendenden Landstraße begann das Dorf. Wir kannten es nicht, aber gleich nach dem ersten Haus kamen Leute hervor und winkten uns, freundschaftlich oder warnend, selbst erschrocken, gebückt vor Schrecken. Sie zeigten nach dem Hof, an dem wir vorübergekommen waren, und erinnerten uns an den Schlag ans Tor. Die Hofbesitzer werden uns verklagen, gleich werde die Untersuchung beginnen. Ich war sehr ruhig und beruhigte auch meine Schwester. Sie hatte den Schlag wahrscheinlich gar nicht getan, und hätte sie ihn getan, so wird deswegen nirgends auf der Welt ein Beweis geführt. Ich suchte das auch den Leuten um uns begreiflich zu machen, sie hörten mich an, enthielten sich aber eines Urteils. Später sagten sie, nicht nur meine Schwester, auch ich als Bruder werde angeklagt werden.

Ich nickte lächelnd. Alle blickten wir zum Hofe zurück, wie man eine ferne Rauchwolke beobachtet und auf die Flamme wartet. Und wirklich, bald sahen wir Reiter ins weit offene Hoftor einreiten. Staub erhob sich, verhüllte alles, nur die Spitzen der hohen Lanzen blinkten. Und kaum war die Truppe im Hof verschwunden, schien sie gleich die Pferde gewendet zu haben und war auf dem Wege zu uns. Ich drängte meine Schwester fort, ich werde alles allein ins reine bringen. Sie weigerte sich, mich allein zu lassen. Ich sagte, sie solle sich aber wenigstens umkleiden, um in einem besseren Kleid vor die Herren zu treten. Endlich folgte sie und machte sich auf den langen Weg nach Hause. Schon waren die Reiter bei uns, noch von den Pferden herab fragten sie nach meiner Schwester. Sie ist augenblicklich nicht hier, wurde ängstlich geantwortet, werde aber später kommen. Die Antwort wurde fast gleichgültig aufgenommen; wichtig schien vor allem, daß sie mich gefunden hatten. Es waren hauptsächlich zwei Herren, der Richter, ein junger, lebhafter Mann, und sein stiller Gehilfe, der Aßmann genannt wurde. Ich wurde aufgefordert in die Bauernstube einzutreten. Langsam, den Kopf wiegend, an den Hosenträgern rückend, setzte ich mich unter den scharfen Blicken der Herren in Gang. Noch glaubte ich fast, ein Wort werde genügen, um mich, den Städter, sogar noch unter Ehren, aus diesem Bauernvolk zu befreien. Aber als ich die Schwelle der Stube überschritten hatte, sagte der Richter, der vorgesprungen war und mich schon erwartete: »Dieser Mann tut mir leid.« Es war aber über allem Zweifel, daß er damit nicht meinen gegenwärtigen Zustand meinte, sondern das, was mit mir geschehen würde. Die Stube sah ei-

ner Gefängniszelle ähnlicher als einer Bauernstube. Große Steinfliesen, dunkel, ganz kahle Wand, irgendwo eingemauert ein eiserner Ring, in der Mitte etwas, das halb Pritsche, halb Operationstisch war.
Könnte ich noch andere Luft schmecken als die des Gefängnisses? Das ist die große Frage oder vielmehr, sie wäre es, wenn ich noch Aussicht auf Entlassung hätte.

Hier haben wir alles beieinander, die Sommerhitze, den Land-Stadt-Gegensatz, den Kampf als Prozess und die Folter. Erschreckend ist die Reaktion der Dorfbewohner. Erst hundert Schritte nach dem Ort des Geschehens, im nächsten Dorf, »kamen Leute hervor und winkten uns, freundschaftlich oder warnend, selbst erschrocken, gebückt vor Schrecken«. Was für eine Steigerung körperlichen Zerfalls! Von freundschaftlichem Winken zu »gebückt vor Schrecken«. Und dann erscheint das Gericht, das eine Bauernstube in eine Folterkammer verwandeln kann. Leser und Leserinnen werden Zeugen, wie eine soziale Welt innerhalb kürzester Zeit auseinanderbricht. Es macht wenig Unterschied, ob man ans Hoftor schlägt oder nach dem Weg zum Bahnhof fragt.

Wie kommt es zum Kampf? Worin besteht der Kampf? Und welche Idee steckt dahinter? An dieser Erzählung lassen sich typische Merkmale des Kampfes ablesen. Für jeden Kampf gibt es einen Auslöser, aber dieser Auslöser bleibt immer vage und unsicher, er kommt überraschend, man kennt die Ursache nicht, aber er bricht doch in die Welt der Figuren ein und betrifft sie existenziell und vielfach lebensgefährlich, ist nicht revidierbar und unbegreiflich nach den Maßstäben, nach denen man bisher gelebt hatte.

Kafka inszeniert immer wieder solche Kampf-Szenen: In der Erzählung *Das Urteil* findet sich das auslösende Moment des Kampfes im Gespräch Georgs mit seinem Vater, der im Verlauf des Gesprächs die eine entscheidende Frage stellt, mit der die Struktur der Welt grundlegend in Frage gestellt wird: »Hast du wirklich diesen Freund in Petersburg?« Der Kampf zwischen Vater und Sohn hat begonnen, er wird für den Sohn mit einem Todesurteil enden.

In der Erzählung *Die Verwandlung* zeigt sich das auslösende Moment des Kampfes bereits im ersten Satz. »Als Gregor Samsa eines Morgens aus unruhigen Träumen erwachte, fand er sich in seinem Bett zu einem ungeheueren Ungeziefer verwandelt.« Die Verwandlung Gregor Samsas ist das auslösende Moment eines Kampfes Gregors gegen die Familie, den auch er nicht gewinnen kann und der schließlich tödlich für ihn enden wird.

Genauso verhält es sich mit dem *Process*-Roman. Auch hier bringt der erste Satz das auslösende Moment zum Ausdruck: »Jemand mußte Josef K. verleumdet haben, denn ohne daß er etwas Böses getan hätte, wurde er eines Morgens verhaftet.« Interessant ist, dass Kafka im handschriftlichen Manuskript zunächst schrieb: »Jemand musste Josef K. verläumdet haben, denn ohne dass [sic!] er etwas Böses getan hätte, war er eines Morgens gefangen.« »War« und »gefangen« wurde durchgestrichen und ersetzt, so dass der Nebensatz in seiner endgültigen Form lautet: »wurde er eines morgens verhaftet«. ›Gefangen werden‹ ist eher umgangssprachlich, ›verhaftet werden‹ verweist deutlicher auf einen juristischen Akt.

Damit wird im auslösenden Moment auch bereits der Charakter des Kampfes festgelegt: Der Kampf ist ein Prozess, den Josef K. – wie alle anderen Helden Kafkas – gar nicht gewinnen

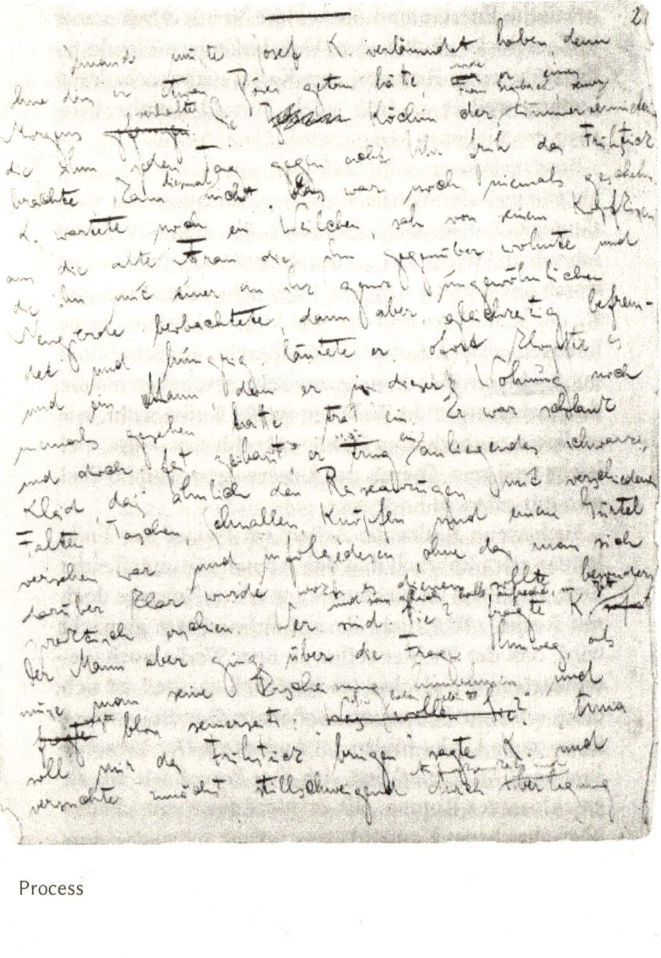

Jemand mußte Josef K. verläumdet haben, denn ohne daß er etwas Böses getan hätte, wurde er eines Morgens verhaftet. Die Köchin der Frau Grubach, seiner Zimmervermieterin, die ihm jeden Tag gegen acht Uhr früh das Frühstück brachte, kam diesmal nicht. Das war noch niemals geschehen. K. wartete noch ein Weilchen, sah von seinem Kopfkissen aus die alte Frau, die ihm gegenüber wohnte und die ihn mit einer an ihr ganz ungewöhnlichen Neugierde beobachtete, dann aber, gleichzeitig befremdet und hungrig, läutete er. Sofort klopfte es und ein Mann, den er in dieser Wohnung noch niemals gesehen hatte, trat ein. Er war schlank und doch fest gebaut, er trug ein anliegendes schwarzes Kleid, das, ähnlich den Reiseanzügen, mit verschiedenen Falten, Taschen, Schnallen, Knöpfen und einem Gürtel versehen war und infolgedessen, ohne daß man sich darüber klar wurde, wozu es dienen sollte, besonders praktisch erschien. Wer sind Sie? fragte K. Der Mann aber ging über die Frage hinweg, als müsse man seine Erscheinung hinnehmen und fragte bloß seinerseits: Sie haben geläutet? Anna soll mir das Frühstück bringen sagte K. und versuchte zunächst stillschweigend durch Überlegung

Process

kann. Das muss uns nicht verwundern bei einem Autor, der durch und durch Jurist ist.

Eine weitere erzähltechnische Variante findet sich in der Erzählung *Der Heizer*, die zugleich das erste Kapitel des Romans *Der Verschollene* (*Amerika*) darstellt:

> Als der siebzehnjährige Karl Roßmann, der von seinen armen Eltern nach Amerika geschickt worden war, weil ihn ein Dienstmädchen verführt und ein Kind von ihm bekommen hatte, in dem schon langsam gewordenen Schiff in den Hafen von New York einfuhr, erblickte er die schon längst beobachtete Statue der Freiheitsgöttin wie in einem plötzlich stärker gewordenen Sonnenlicht. Ihr Arm mit dem Schwert ragte wie neuerdings empor und um ihre Gestalt wehten die freien Lüfte.

Das auslösende Moment, nämlich die Verstoßung des Sohnes, hat schon vor dem Beginn der Romanhandlung stattgefunden. Was dann folgt, ist nicht nur ein literarisches Roadmovie, sondern eine Beschreibung eines Kampfes.

Alle diese Söhne durchlaufen ein ähnliches Schicksal. Ihre Versuche, sich von ihrer Herkunftsfamilie zu emanzipieren, sind zum Scheitern verurteilt, weil sie sie in einen ausweglosen Kampf führen. Kafka hatte tatsächlich die Idee, die drei Texte *Das Urteil*, *Der Heizer*, *Die Verwandlung* unter dem gemeinsamen Titel *Söhne* herauszugeben – ein Plan, der zu Lebzeiten nie verwirklicht worden ist.

Der Kafka-Forscher Heinz Politzer hat vorgeschlagen, diesen Figurentypus als Junggesellen zu identifizieren. Damit wird der Blick auf eine ganz bestimmte Dimension des Kampfes gerichtet: Es ist nicht allein der Kampf der Figuren als Söhne, sondern als Junggesellen. Es handelt sich also um einen Kampf, in dem sich Söhne aus ihrer Herkunftsfamilie lösen sollen oder wollen, um eine eigene Familie zu gründen, dies aber nicht schaffen. Sie würden damit selbst Vater werden können, aber der Vater (des Junggesellen) erlaubt es nicht, dass der Sohn die väterliche Machtposition einnimmt.

Der Kampf um Anerkennung – des Sohnes gegenüber dem Vater, des Einzelnen gegenüber der Gemeinschaft, des Künstlers gegenüber dem Publikum – ist zugleich ein Machtkampf, der häufig mit Tod oder Todesurteil endet. Anerkennung zu gewähren oder abzulehnen beruht auf Macht. Die eigene Identität findet keinen Grund, ist grundlos, sie muss erst durch jene Instanzen bestätigt werden, die genau dazu die Macht haben. Macht ist die Voraussetzung von Identität. Die Ungleichheit der Gegner zeigt sich immer in einer Asymmetrie ihrer Macht. Der Fremde begegnet dem Schutzmann, der von vornherein mit Macht ausgestattet ist. Und er übt seine Macht in der Weise aus, die am nachdrücklichsten wirkt, nämlich negativ, indem er Hinweise, Schutz, letztlich Anerkennung und Identität verweigert. Insofern war es Kafka darum zu tun, solche Macht-Settings zu beschreiben – und er ist dabei, wie der Kafka-Forscher Gerhard Neumann sagt, zu einem »Experten der Macht« geworden.

Kafka hat den Kontext der Familie in den frühen Erzählungen gewählt, weil sich in diesem Rahmen die Machtfragen, so abstrakt sie auch sein mögen, sehr konkret auswirken und gut beobachten lassen. Die Familie stellt so etwas wie einen gesellschaftlichen Mikrokosmos dar, in dem sich die gesellschaftlichen Machtkämpfe wie unter einer literarischen Lupe beobachten lassen. Der Vater-Sohn-Konflikt ist ein solcher Machtkampf.

Kafka aber entwickelt diese Idee eines Kampfes um Anerkennung weiter, indem er dieses Motiv aus dem familialen Kontext herausführt. Die Kämpfenden sind dann nicht mehr nur Söhne, und vor allem wird der Gegner – als Gesetz, Gericht, Kanzlei – immer abstrakter, anonymer, kurz: bürokratischer. Der Kafka-Forscher Walter H. Sokel hat entsprechend von einer »Bürokratisierung der Vatergestalt« gesprochen.

Die Erzählung *In der Strafkolonie* erzählt auch von Todesurteilen: Ein Reisender kommt in eine Strafkolonie in den Tropen und soll dort der Vollstreckung eines Todesurteils an einem ungehorsamen Soldaten beiwohnen. Das Todesurteil wird durch eine große, erschreckende Tötungsmaschine vollzogen, die zugleich eine Schreibmaschine ist. Das Todesurteil besteht darin, dass dem Verurteilten das Gesetz, das er verletzt hat, mit Nadeln so lange in die Haut geritzt wird, bis er stirbt, was aber erst nach Stunden der Fall sein wird. Der Offizier, der die Maschine bedient, versucht, den Reisenden von dieser Urteilsvollstreckung zu überzeugen. Denn der neue Kommandant der Strafkolonie hält von diesem Verfahren, das sein Vorgänger eingeführt hat, wenig. Der Offizier erhofft sich vom Reisenden, dass er sich für dies Verfahren beim neuen Kommandanten einsetzt. Doch der Reisende lehnt das ab und zieht sich auf eine indifferente Position zurück. Der Offizier muss erkennen, dass das Verfahren keine Zukunft hat, und deswegen lässt er den Verurteilten frei und legt sich selbst auf die Maschine. Sie funktioniert nicht mehr richtig und tötet den Offizier in Minuten, was sonst Stunden hätte dauern sollen.

Doch Vorsicht: Diese Tendenz in Kafkas Erzählungen (das gilt vor allem für die *Strafkolonie*) ist nicht die Vorwegnahme des Holocaust, sondern eine sensible Wahrnehmung von gesellschaftlichen Gewaltpotentialen durch den Autor: Die Erzählung entsteht im Herbst 1914 zu einer Zeit, als klar wurde, dass der Erste Weltkrieg keineswegs schnell beendet und in seinen Auswirkungen wesentlich schrecklicher sein würde als erwartet.

So ist vielleicht gerade der *Process*-Roman, nicht zuletzt wegen der deutlichen juristischen Metaphorik und vor allem wegen des vollstreckten Todesurteils am Ende, der herausragende Parallel-Text zum *Urteil*: hier der Kampf gegen die Institution, dort gegen den Vater, hier der Roman, weil die Entfaltung der anonymen, bürokratischen Macht mehr Raum braucht, dort die konzentrierte Novelle, die den Vater-Sohn-Konflikt unausweichlich auf ein Ereignis zuspitzen kann.

Generell liefern alle drei Romane, *Der Verschollene* (*Amerika*), *Der Process* und *Das Schloß* Beispiele grandioser, gigantischer, intransparenter, furchteinflößender Bürokratien. Im *Process*- und im *Schloß*-Roman wird die Bürokratisierung manifest in den Kanzleien, in den Beamten, Advokaten und Richtern und ihrer amtlichen Tätigkeit, in den Akten und im Aktenverkehr, so ineffizient und undurchschaubar der gesamte Komplex den betroffenen Figuren ebenso wie den Lesern und Leserinnen auch immer erscheinen mag.

Mit dem Begriff »verhaftet« statt »gefangen« im ersten Satz des *Process*-Romans legte Kafka Wert auf einen formaljuristisch korrekten Begriff, aber nur, um ihn als Ausgangspunkt zu nutzen und klarzumachen, dass der Prozess, den Josef K. zu führen hat, ganz außerordentlich ist, dass es sich »nicht um einen Proceß vor dem gewöhnlichen Gericht« handelt. Das ahnt auch Josef K. schon bei der Verhaftung: »Was waren denn das für Menschen? Wovon sprachen sie? Welcher Behörde gehörten sie an? K. lebte doch in einem Rechtsstaat, überall herrschte Friede, alle Gesetze bestanden aufrecht, wer wagte ihn in seiner Wohnung zu überfallen?«

Der Prozess, den Josef K. zu führen hat, ist ein Gegenstück zum Begehren des Mannes vom Lande, Einlass in das Gesetz zu finden. Josef K. will den Ausgang aus dem Verfahren finden, was nur heißen kann, er will von seiner Schuld freigesprochen werden – einer Schuld, deren Feststellung nicht das Ergebnis des Prozesses ist, sondern die von Anfang an feststeht und den Prozess erst auslöst. In beiden ›Fällen‹, Josef K. und beim Mann von Lande, handelt es sich um einen Kampf um Anerkennung.

Worin besteht Josef K.s Schuld, deretwegen er angeklagt wird? Im Roman findet sich dazu kein einziger Hinweis, und Josef K. hält sich für schuldlos, weil er noch in juristischen Kategorien denkt. Übersetzt man allerdings den Prozess als Kampf um Anerkennung, dann wird schnell klar, dass es genau diese Anerkennung ist, die Josef K. fehlt.

Zu Josef K. kommen zwei Henker, »zwei Herren [...] In Gehröcken, bleich und fett, mit scheinbar unverrückbaren Cylinderhüten«. Sie führen ihn an die Stadtgrenze und bringen ihn brutal um:

> Aber an K.'s Gurgel legten sich die Hände des einen Herrn, während der andere das Messer ihm ins Herz stieß und zweimal dort drehte. Mit brechenden Augen sah noch K. wie nahe vor seinem Gesicht die Herren Wange an Wange aneinandergelehnt die Entscheidung beobachteten. »Wie ein Hund!« sagte er, es war, als sollte die Scham ihn überleben.

Und auch sonst spart der Text nicht mit sadistischen und sadomasochistischen Anspielungen. So entdeckt K. auf der Suche nach dem Gericht auf dem Dachboden eines Mietshauses ein Buch, das dort auf dem Richtertisch liegt. Als K. dieses Gesetzeswerk anschaut, erlebt er eine Überraschung.

K. schlug das oberste Buch auf, es erschien ein unanständiges Bild. Ein Mann und eine Frau saßen nackt auf einem Kanapee, die gemeine Absicht des Zeichners war deutlich zu erkennen, aber seine Ungeschicklichkeit war so groß gewesen, daß schließlich doch nur ein Mann und eine Frau zu sehen waren, die allzu körperlich aus dem Bilde hervorragten, übermäßig aufrecht dasaßen und infolge falscher Perspektive nur mühsam sich einander zuwendeten. K. blätterte nicht weiter sondern schlug nur noch das Titelblatt des zweiten Buches auf, es war ein Roman mit dem Titel: ›Die Plagen, welche Grete von ihrem Manne Hans zu erleiden hatte.‹ »Das sind die Gesetzbücher, die hier studiert werden«, sagte K. »Von solchen Menschen soll ich gerichtet werden.«

Das Gesetz ist in Wirklichkeit eine sadomasochistische Pornographie.

Kafka fasste, nachdem sich sein Projekt *Söhne* 1913 nicht verwirklichen ließ, 1916 ein neues Projekt ins Auge, das mit *Urteil*, *Verwandlung* und *Strafkolonie* einen Band mit dem Titel *Strafen* bilden sollte. Von den Söhnen zu den Strafen – das zeigt die Entwicklung hin zu einer eher anonymen Macht im Kampf um Anerkennung, vor allem aber auch ein verstärktes Interesse an Bestrafungsphantasien. Solche Phantasien könnte man verstehen als die andere, noch dunklere Seite des Kampfes um Anerkennung.

Kafka hat das Thema nochmals in seinem letzten, dritten, größten Roman *Das Schloß* aufgegriffen. Hier scheint sich noch eine Tendenz zu verstärken, die bei ihm in anderen Texten auch früher schon angelegt war und die auch eine Reihe von Interpretationen aufgegriffen und mache sogar als den Schlüssel zu Kafkas Werk gesehen haben: Je später ein Werk entstanden ist, desto stärker ist seine theologische Grundierung.

Für den *Process*-Roman kann man das durchaus plausibel machen, denn wie wäre ein Gericht zu deuten, vor dem man immer schuldig ist? Trotz oder vielleicht wegen der juristischen Metaphorik lässt sie sich auch genauso gut religiös oder theologisch überlagern. Damit wird ein christlicher Topos aufgerufen, der Kafka sicherlich bekannt war, allerdings auch ins Gegenteil verkehrt: Im Johannesevangelium wird berichtet, wie die Pharisäer eine Ehebrecherin zu Jesus bringen, der sich als Richter zu verstehen gibt, aber nicht richten will. Dem Volk antwortet er: »Wer unter euch ohne Sünde ist, der werfe den ersten Stein auf sie.« Auch hier ist niemand ohne Sünde, doch anders als in der christlichen Szene kann bei Kafka niemand dem Gericht und der Verurteilung entgehen. Nun geht es aber nicht um Ehebruch, sondern um eine Sünde, die sich nicht als Tat eingrenzen lässt, sondern es geht um den Zustand des Menschen schlechthin. Seine Existenz ist grund- und begründungslos, ihm fehlt die Anerkennung, die er schlechterdings braucht. Der Geistliche im Dom erklärt Josef K.: »Das Gericht will nichts von Dir. Es nimmt Dich auf wenn Du kommst und es entläßt Dich wenn Du gehst.«

Zwischen dem *Process*- und dem *Schloß*-Roman allerdings liegt ein wesentlicher Einschnitt in Kafkas Leben, nämlich der

Ausbruch der Tuberkulose 1917, einer tödlichen Krankheit, an der Kafka schließlich auch sterben wird. Als Kafka die Arbeit an *Das Schloß* 1922 beginnt, ist das ein Neuanfang in seiner literarischen Produktion. Kafka hat immer geschrieben und seit 1917 auch andere Schreibverfahren ausprobiert, so ein aphoristisches Schreiben in kurzen Sätzen mit überraschenden Denkbildern in den sogenannten *Zürauer Aphorismen*.

Max Brod hat dieses Konvolut herausgegeben, und weil es schwerfällt, ein generelles Thema für dieses Konvolut anzugeben, hat er dem Ganzen einen vollmundigen Titel gegeben: *Betrachtungen über Sünde, Leid, Hoffnung und den wahren Weg*. Damit hat er zugleich eine eindeutig theologisch motivierte Lesart vorgegeben. Um nur ein Beispiel zu nennen: »Verstecke sind unzählige, Rettung nur eine, aber Möglichkeiten der Rettung wieder so viele wie Verstecke.«

Brod hat für Kafkas Werk generell eine theologische Lesart vorzugeben versucht, die sich insbesondere auch aus der jüdischen Theologie speist. So bringt er in seinem Nachwort zum *Schloß*-Roman auch die beiden Romane *Der Process* und *Das Schloß* zusammen.

> [D]ieses ›Schloß‹, zu dem K. keinen Zutritt erlangt, dem er sich unbegreiflicherweise nicht einmal richtig nähern kann, ist genau das, was Theologen »Gnade« nennen, die göttliche Lenkung menschlichen Schicksals (des Dorfes), die Wirksamkeit der Zufälle, geheimnisvollen Beschlüsse, Begabungen und Schilderungen, das Unverdiente und Unerwerbliche, das »Non liquet« [lat., »Es ist nicht klar«, ursprünglich in römischen Gerichtsverfahren verwendet] über dem Leben aller. Somit wären im ›Prozeß‹ und im

> ›Schloß‹ die beiden Erscheinungsformen der Gottheit (im Sinne der Kabbala) – Gericht und Gnade – dargestellt.
>
> Max Brod: Nachwort zum Roman *Das Schloß* (1926, 1951)

Das ist ein interessanter Hinweis, den Max Brod schon im Nachwort der von ihm verantworteten Erstausgabe aus dem Jahr 1926 (im Kurt Wolff Verlag, das ab 1951 in den Ausgaben des Fischer Verlages wieder abgedruckt wird) gibt, aber sicherlich nicht *der* Schlüssel zum Roman. Brod verkürzt den Roman gerade um die gesellschaftliche Dimension des Kampfes um Anerkennung. Kafka verabsolutiert den Kampf um Anerkennung. Die Anstrengungen, die dieser Kampf kostet, führen zu völliger Entkräftung, und der Kampf endet immer in einer Niederlage.

Das lädt zu einer theologischen Interpretation natürlich ein. Und Kafka nutzt eine Fülle von Elementen, Mustern, Motiven und Versatzstücken nicht zuletzt aus der jüdischen Tradition, um diese Geschichten entsprechend erzählen zu können.

Doch in erster Linie ist der Kampf um Anerkennung kein religiös motivierter, sondern ein gesellschaftlicher Kampf, ein Kampf mit der Gesellschaft. Dabei geht es natürlich auch um eine genuin jüdische Frage, wie sie Kafka existenziell bewegt hat: Wie kämpft man in diesem Assimilationsprozess um den Platz in der Gesellschaft? Doch lassen sich Kafkas Gesellschaftskämpfe auch nicht auf diese eine Frage allein reduzieren.

*Das Schloß* reduziert diese unsichtbaren, sozusagen transzendenten Aspekte des Gerichts zugunsten einer konkreteren Bürokratie. K. (ein Vorname wird hier nicht mehr genannt) kommt in das Dorf und gibt sich als Landvermesser aus. Was will er? Er will als Landvermesser anerkannt werden. Doch ist das eigentlich auch nur vordergründig sein Ziel, denn eigentlich will er Teil der Dorfgemeinschaft, abstrakter gesprochen: will er Teil der Gesellschaft werden.

Faszinierend ist, dass der Kampf um Anerkennung in diesem Roman in einer relativ einfachen Geschichte erzählt wird, die aber zugleich die Möglichkeit bietet, die Bedingungen, unter denen dieser Kampf ausgefochten wird, genau zu analysieren. Das Ich und die Gesellschaft bedingen sich wechselseitig. Doch ist der Wunsch des Einzelnen, von der Gesellschaft als ein solches Ich anerkannt zu werden, keine rein wechselseitige Angelegenheit. Es muss vielmehr eine dritte Instanz hinzukommen, die das Verhältnis der beiden Parteien zueinander erst ermöglicht; und das ist das Schloss. Aus diesem Grund will K. überhaupt erst zum Schloss gelangen.

Diese Dreieckskonstellation lässt sich nun auch von einer anderen Seite aus sehen. K. weiß, dass er in der Dorfgemeinschaft anerkannt werden würde, würde er vom Schloss anerkannt werden. Das Dorf wird zumindest durch die beiden größeren öffentlichen Gebäude, zwei Wirtshäuser, strukturiert. Am Rande steht der Brückenhof, im Zentrum steht der Herrenhof. Die Brücke markiert den Übergang in das Dorf (auf ihr verweilt K. lange), im Herrenhof finden sich auch Schlafzimmer, in denen die Herren (die Beamten des Schlosses) übernachten, wenn sie im Dorf bleiben, und die sie auch als Kanzleien etwa für die berühmt-berüchtigten »Nachtverhöre« verwenden. In diesem Bereich spielen sich auch K.s Versuche ab, Anerkennung vom Schloss für das Dorf oder vom Dorf für das Schloss zu erlangen.

Dabei spielen Frauen eine besondere Rolle, besonders Frieda, die vom Brückenhof kommt, sich aber bis zum Herrenhof hochgearbeitet hat (schon im *Process*-Roman sucht Josef. K.

die Hilfe von Frauen, um sich mit dem Gericht überhaupt erst auseinandersetzen zu können). Im *Schloß* gehen Frieda und K. nahezu augenblicklich eine sexuelle Beziehung ein, beide nicht ohne Hintergedanken. Da K. weiß, dass Frieda eigentlich die Geliebte jenes Beamten, Klamm, ist, den er als für sich zuständig ansieht, hofft er (allerdings vergeblich), Klamms Aufmerksamkeit zu erregen und Zutritt zum Schloss zu erhalten. Frieda glaubt, dass sie immer noch Klamms Geliebte ist und K. aus denselben Gründen ausnutzt wie er sie. Sie will Klamms Aufmerksamkeit wiedererlangen.

K. und Frieda gründen im Schulgebäude einen provisorischen Hausstand, doch geht beider Plan nicht auf, auf sich aufmerksam zu machen, und K. versucht auf anderen Wegen, Kontakt zum Schloss zu bekommen. Als Gegenmodell dazu wird von Amalia und dem Schicksal ihrer Familie berichtet. Auf einem Feuerwehrfest hat ein Beamter, Sortini, ein Auge auf sie geworfen und ihr per Brief einen unsittlichen Antrag gemacht. Sie war schockiert, hat aber entschlossen reagiert und den Brief vor dem Boten zerrissen. Es erfolgt keine Sanktion vom Schloss. Doch ihre Familie ist seitdem durch das Dorf geächtet, eine ebenso sublime wie brutale Reaktion, gegen die die Familie nichts ausrichten kann. Diese Reaktion stellt insofern ein Gegenmodell dar, weil Amalia, anders als Frieda, sich nicht mit den Beamten (also dem Schloss) einlässt, gleichzeitig aber auch ein unwiederbringlicher Verlust der Anerkennung vorgeführt wird, während K. den ergebnislosen Kampf um Anerkennung immer weiter und weiter führt.

Und K.s Bemühungen hätten vielleicht sogar von Erfolg gekrönt sein können: Als sich ein Beamter wider alle Erwartung für K. interessiert, ist K. zu müde, um ihm Rede und Antwort stehen zu können, und schläft ein. Der Roman blieb zwar Fragment, doch nimmt diese Szene ein mögliches Ende vorweg, von dem Max Brod anderweitig berichtet: K. stirbt im Dorf an Entkräftung genau in dem Moment, als er vom Schloss zwar nicht anerkannt, aber immerhin dauerhaft geduldet wird.

Im späteren Werk wird die gesellschaftliche Dimension des Kampfes um Anerkennung deutlich herausgestellt. Drei späte Erzählungen sind in diesem Zusammenhang besonders interessant, nämlich *Der Landarzt* (1917), *Der Hungerkünstler* (1922) und *Josefine, die Sängerin oder Das Volk der Mäuse* (1924). Gegner im Kampf um Anerkennung sind jeweils die Dorfbewohner, das Publikum oder das Volk der Mäuse. Sie treten vielleicht weniger bürokratisch auf, bleiben aber ähnlich anonym und wirken vor allem als Kollektiv.

Die Erzählung *Der Landarzt* ist eine typische Kafka-Erzählung: Gleich zu Beginn begegnen den Lesern und Leserinnen phantastische Elemente, die jedoch nicht als solche registriert werden. Die Anfangssituation ist noch unproblematisch. Es ist Winter: Das Pferd des Landarztes ist verendet. Nun wird er aber gerade in einer Nacht mit starkem Schneegestöber in ein zehn Meilen entferntes Dorf zu einem Kranken gerufen. Sein Dienstmädchen Rosa konnte kein anderes Pferd auftreiben. Dann geschieht Eigenartiges: Unerwartet schafft der Pferdeknecht Abhilfe, indem er »zwei Pferde, mächtige flankenstarke Tiere« aus dem Stall holt. Während sich der Arzt anschickt, mit dem neuen Gespann loszufahren, beißt der Pferdeknecht in das Gesicht des Dienstmädchens. Der Arzt will dies ahnden, doch als er das neue, beeindruckende Gespann sieht, besinnt er sich eines anderen und fährt los.

So kommt er zu seinem Patienten, einem Jungen. Dieser bittet den Arzt, ihn sterben zu lassen, der Arzt hält ihn für gesund und will schnell zu Rosa zurück. Doch anscheinend hat er eine voreilige Diagnose gestellt, denn er muss sich sofort korrigieren:

> ja, der Junge ist krank. In seiner rechten Seite, in der Hüftengegend hat sich eine handtellergroße Wunde aufgetan. Rosa, in vielen Schattierungen, dunkel in der Tiefe, hellwerdend zu den Rändern, zartkörnig, mit ungleichmäßig sich aufsammelndem Blut, offen wie ein Bergwerk obertags.

Durch die Wortstellung im Satz hervorgehoben, wird die Wunde, die ihn krank macht, als »rosa« beschrieben – und das erinnert an den Namen des vergewaltigten Dienstmädchens. Man könnte annehmen, dass in dieser Erzählung überall verdeckte Gewalt plötzlich an die soziale Oberfläche drängt. Gleichzeitig ist die Untersuchung des Patienten durch den Arzt eingebettet in einen sozialen Rahmen, in dem der Arzt sich mehr und mehr herausgefordert und bedroht sieht: »ja, was erwartet denn das Volk?« Und dies zu Recht, denn die Dorfbewohner entkleiden den Arzt und bedrohen ihn, auch er ein Opfer: sexualisierte Gewalt überall. Zuletzt erscheint auch noch ein Lehrer mit dem Schulchor, der ein makabres Lied intoniert: »Entkleidet ihn, dann wird er heilen, / Und heilt er nicht, so tötet ihn! / 'Sist nur ein Arzt, 'sist nur ein Arzt.« Mit letzter Kraft kann der Arzt dieser Situation entfliehen: »Betrogen! Betrogen! Einmal dem Fehlläuten der Nachtglocke gefolgt – es ist niemals gutzumachen.«

All das ist äußerst geheimnisvoll und düster. Doch betrachtet man die einzelnen Elemente für sich und achtet erst in einem zweiten Schritt darauf, wie sie sich zusammenfügen, so entsteht doch ein klareres Gesamtbild: Der Arzt tut das, was er tut, direkt vor der Gesellschaft. Vor ihr und mit ihr kämpft er um seine Anerkennung, vielleicht auch um sein Leben. Jedenfalls ist es die Gesellschaft, die über Anerkennung und Leben (und Tod) entscheidet.

Dieser Kampf hat etwas mit Verletzungen, mit Wunden und mit Gewalt zu tun, die der Landarzt bei anderen entdeckt und die er selbst zugefügt bekommt. Verletzungen und Wunden haben etwas mit Sexualität zu tun, mit Potenz, wie sie sich in den flankenstarken Pferden symbolisiert, oder mit Impotenz, wie sie in der Wunde des Jungen angedeutet wird, aber immer auch mit Gewalt. Der Versuch des Arztes, sich selbst zu behaupten, wird so zu einer Bestrafung des Arztes durch die Gesellschaft.

Im *Hungerkünstler* und in *Josefine* geht es darum, inwieweit der Kampf um Anerkennung im Gebiet der Kunst ausgetragen wird. Hungern stellte einst, so erfährt man im *Hungerkünstler*, eine allgemein anerkannte Kunst dar, denn »damals beschäftigte sich die ganze Stadt mit dem Hungerkünstler«. Der Hungerkünstler hungerte in einem Zirkuskäfig, und das Publikum bestaunte ihn beim Hungern. Doch diese Zeiten sind vorbei, kaum einer kommt noch am Käfig vorbei, Hungern ist als Kunst nicht mehr sozial vermittelbar. Man glaubt dem Künstler sein Hungern nicht mehr. Stattdessen müsste das Hungern kontrolliert werden, doch lässt sich das gar nicht bewerkstelligen:

> Niemand war ja imstande, alle die Tage und Nächte beim Hungerkünstler ununterbrochen als Wächter zu verbringen, niemand also konnte aus eigener Anschauung wissen, ob wirklich ununterbrochen, fehlerlos gehungert worden war.

Hier hat sich damit der Charakter der Kunst des Hungerns verändert. Kunst entsteht nicht durch die Leistung des Einzelnen, sondern durch die Anerkennung (und Kontrolle) durch die Gesellschaft. Bleibt solches aus, stirbt die Kunst mit dem Künstler. Der Hungerkünstler fristet daher ein trauriges Dasein, denn er ist keine Attraktion mehr, sondern hat stattdessen Konkurrenz gefunden, die die Aufmerksamkeit auf sich lenkt. Als er stirbt, gibt man seinen Käfig einem »jungen Panther«.

Ähnlich ist die Ausgangslage in Kafkas letzter Erzählung *Josefine, die Sängerin oder Das Volk der Mäuse*. Die Geschichte wird von einer anderen Maus aus dem Volk der Mäuse erzählt, die über Josefines Gesang als Kunst, die Stellung von Josefine im Volk und die Bedeutung von Kunst im Volk der Mäuse reflektiert. Ist Josefines Gesang Musik? Oder etwas völlig andres? Die erzählende Maus fragt sich, ob man im Zusammenhang mit der Unmusikalität des Mäuse-Volkes überhaupt von Musik sprechen kann: »Ist es denn überhaupt Gesang?«

Vielleicht hat Kafka am Ende seines Lebens mit dieser Geschichte die Frage nach der Bedeutung von Kunst am radikalsten gestellt und gleichzeitig die radikalste Antwort auf diese Frage gefunden. Josefine ist die untypische Maus schlechthin; sie ist Mitglied in einem Kollektiv, das keine Individualität kennt.

Damit allerdings hat Kafka zugleich eine extreme Form eines Kampfes um Anerkennung gestaltet. Josefine ist die Maus, die aus dem Volk der Mäuse heraus ihren Kampf um Anerkennung mit ihrem Gesang führt. Der Titel mit seiner Doppelperspektive zeigt genau die Verwerfungslinie zwischen ihr und dem Volk an. Und die entscheidende Frage, die die Erzählermaus immer wieder umspielt, lautet: Kann Kunst dazu beitragen, den Kampf um Anerkennung zu führen oder gar zu gewinnen? Und die vernichtende Antwort lautet: Nein, im Gegenteil: Selbst die Kunst beweist, dass Anerkennung nie erreicht werden kann.

Die Texte Kafkas sind durch strukturelle Ähnlichkeiten und wieder aufgegriffene Motive verblüffend eng miteinander verknüpft. So erinnert der Gesang Josefines auch an den Gesang der Hunde aus der Erzählung *Forschungen eines Hundes*: Dort macht sich ein Hund (hier auch als Ich-Erzähler) daran, die »nur dem Hundegeschlecht verliehene Musikalität« zu ergründen. Gleichzeitig wird der Motivkomplex Tier-und-Kunst-bzw.-Musik noch mit dem Motivkomplex der Nahrung bzw. des Hungerns verbunden. Der Hund erklärt: »Durch das Hungern geht der Weg, das Höchste ist nur der höchsten Leistung erreichbar, wenn es erreichbar ist, und diese höchste Leistung ist bei uns freiwilliges Hungern.«

Ist man erst einmal auf dieser Fährte, kommt einem schnell die *Verwandlung* in den Sinn, denn dort verbindet der in ein Tier verwandelte Gregor Samsa alle drei Bereiche Musik, Nahrung und Tier miteinander: »War er ein Tier, da ihn Musik so ergriff?« Und genau an dieser Stelle wird die Nahrung mit der Musik identifiziert: »Ihm war, als zeige sich ihm der Weg zu der ersehnten unbekannten Nahrung.« Doch das entspricht nicht seiner Wirklichkeit.

Am Ende seines Lebens lehnt in der gleichnamigen Erzählung der Hungerkünstler es sogar ab, als Künstler bewundert zu werden, und erklärt seine Gründe.

»Weil ich«, sagte der Hungerkünstler, hob das Köpfchen ein wenig und sprach mit wie zum Kuß gespitzten Lippen gerade in das Ohr des Aufsehers hinein, damit nichts verloren ginge, »weil ich nicht die Speise finden konnte, die mir schmeckt. Hätte ich sie gefunden, glaube mir, ich hätte kein Aufsehen gemacht und mich vollgegessen wie du und alle.« Das waren die letzten Worte, aber noch in seinen gebrochenen Augen war die feste, wenn auch nicht mehr stolze Überzeugung, daß er weiterhungre.

Die Speise hätte Gregor, die Hunde und den Hungerkünstler von der Gesellschaft unabhängig gemacht; sie hätten nicht weiter um Anerkennung kämpfen müssen. Doch existiert eine solche Speise nicht. Das Hungern wird den Hungerkünstler überleben, und die Scham des Josef K. wird ihn im Roman *Der Process* überdauern, der sich im Augenblick des an ihm vollstreckten Todesurteils genau »wie ein Hund« fühlt.

## Wie mit Franz Kafka umgehen?

Dr. Siegfried Wolff konnte noch direkt an Kafka schreiben. Heute kann sich der, der Kafka verstehen wollte, nur an dessen Texte halten. Die Sekundärliteratur zu Kafka ist unübersehbar – anscheinend muss es Lust bereiten, Kafka verstehen zu wollen, denn anderenfalls hätten sich ja nicht so viele dazu aufgemacht (den Verfasser dieses Büchleins mit eingerechnet).

Doch kann man bei Kafka auch lesen, dass Lust oft mit Gewalt verbunden ist. Es wundert daher nicht, dass bei all diesen Versuchen, Kafka zu verstehen, Kafka selbst irgendwie auch zu einem Opfer geworden ist. So – und eigentlich noch schrecklicher – hat es die amerikanische Kritikerin Susan Sontag auf den Punkt gebracht: »Das Werk Kafkas zum Beispiel ist zum Opfer einer Massenvergewaltigung durch nicht weniger als drei Armeen von Interpreten geworden.«

Sie will diesen Befund als Ausgangspunkt verstanden wissen, um von der Gewalt gegen zur Lust an den Texten zurückzukehren. Statt literaturwissenschaftlicher Analysen will sie wieder eine »Erotik der Kunst« etablieren, einen lustvollen Umgang mit dem Text. Dazu wäre weiter fast nichts zu sagen, wenn diese Erotik die Leser und Leserinnen nicht bisweilen wie schon Dr. Siegfried Wolff eigentümlich unbefriedigt zurücklassen würde. Denn diese wollen ja Kafka dann doch verstehen. Doch vielleicht liegt dies nicht nur an ihnen, sondern auch an Kafka, der sie immer und immer wieder einlädt, verstehen zu wollen. Eine solche Einladung muss es geben, denn anders ist die Faszination und Attraktion von Kafkas Texten gar nicht zu erklären. Wäre er nur dunkel und unverständlich, hätte er nicht diese immensen Anstrengungen provoziert, ihn möglichst gut zu verstehen.

Kafkas Texte machen permanent Sinnangebote und ziehen sie wieder zurück – so wie es Theodor W. Adorno in seinen *Aufzeichnungen zu Kafka* beispielhaft ausgedrückt hat: »Jeder Satz spricht: deute mich, und keiner will es dulden.« Die Besonderheit bei Kafkas Texten bestünde nun darin, dass sie nicht nur eine solche Struktur im Text entfalten, die sich in der Lektüre umsetzt, sondern eben just Geschichten erzählen, die sich auch so lesen lassen, als ob sie genau diesen Prozess schildern würden.

Manche versuchen dem zu entgehen, indem sie sich in überprüfbare Details flüchten. Das heißt: Jedes noch so kleine Detail aus Kafkas Leben wird untersucht. Und das Kafka-Puzzle bekommt immer mehr Teile. Ob das Bild dadurch schärfer wird? Auf keinen Fall darf man die Suche nach den konkreten Daten mit dem Verstehen verwechseln. Wer sich auf die x-te Suche nach Kafkas Wegen in Prag macht, hat Kafkas Einladungen ausgeschlagen.

Lassen wir uns doch einladen! Lassen wir uns auf Kafkas Verlockung ein! Nur müssen wir darauf achten, dass unser Wunsch, dort zu verstehen, wo er nicht befriedigt wird, nicht in eine Wut des Verstehens umschlägt. Zu Josef K. im *Process*-Roman sagt der Geistliche im Dom: »Die Schrift ist unveränderlich und die Meinungen sind oft nur ein Ausdruck der Verzweiflung darüber.« Auch Kafkas Texte sind unveränderlich – doch bei ihm können und sollen die verschiedensten Meinungen immer auch ein Ausdruck nicht der Verzweiflung, sondern im Gegenteil der Lust an diesen Texten sein!

## Lektüretipps

### Kafkas Werke

Brief an den Vater. Hrsg. und komm. von Michael Müller. Stuttgart 1995.

Das Schloß. Roman. Mit einem Nachw. von Michael Müller. Stuttgart 1996.

Der Process. Roman. Hrsg. von Michael Müller. Stuttgart 1995.

Der Verschollene. Roman. Mit einem Nachw. von Michael Müller. Stuttgart 1997.

Die Verwandlung und andere Erzählungen. Nachw. von Michael Müller. Stuttgart 1995.

### Zum Weiterlesen

Alt, Peter-André: Franz Kafka. Der ewige Sohn. München 2005.

Anz, Thomas: Franz Kafka. München 1989.

Begley, Louis: Die ungeheuere Welt, die ich im Kopfe habe. Über Franz Kafka. München 2009.

Calasso, Roberto: K. München 2006.

Friedlänger, Saul: Franz Kafka. München 2012.

Jahraus, Oliver: Franz Kafka. Leben, Schreiben, Machtapparate. Stuttgart 2006.

Neumann, Bernd: Franz Kafka. Gesellschaftskrieger. Eine Biographie. München 2008.

Neumann, Gerhard: Franz Kafka. Experte der Macht. München 2021.

Politzer, Heinz: Franz Kafka. Der Künstler. Frankfurt a. M. 1965.

Sokel, Walter H.: Franz Kafka. Tragik und Ironie. Frankfurt a. M. 1976.

Stach, Reiner: Kafka. Die Jahre der Entscheidungen. Frankfurt a. M. 2002.

– Die Jahre der Erkenntnis. Frankfurt a. M. 2008.

– Die frühen Jahre. Frankfurt a. M. 2014.

Wagenbach, Klaus: Franz Kafka. Biographie seiner Jugend 1883–1912. Bern 1958. Neuaufl. Berlin 2006.

– Kafka in Selbstzeugnissen und Bilddokumenten. Reinbek bei Hamburg 1964 [u. ö.].